云南百位历史名人传记丛书

中共云南省委宣传部◎编

云南出版集团
云南人民出版社

图书在版编目（CIP）数据

文化奇才——赵藩 / 王明达著. -- 昆明：云南人民出版社, 2015.6

（云南百位历史名人传记丛书）

ISBN 978-7-222-11503-3

Ⅰ.①文… Ⅱ.①王… Ⅲ.①赵藩（1851 ~ 1927）— 传记 Ⅳ.①K827=6

中国版本图书馆CIP数据核字(2013)第302005号

出 品 人：李　维

刘大伟

责任编辑：姚实名

装帧设计：马　滨

责任校对：周　彦

责任印制：洪中丽

书名　**文化奇才——赵藩**

作者　王明达　著

出版　云南出版集团　云南人民出版社

发行　云南人民出版社

社址　昆明市环城西路609号

邮编　650034

网址　http：//ynpress.yunshow.com

E-mail　ynrms@sina.com

开本　889mm×1194mm　1/32

印张　5.25

字数　90千

版次　2015年6月第1版第1次印刷

印刷　昆明卓林包装印刷有限公司

书号　ISBN 978-7-222-11503-3

定价　21.00元

如有图书质量及相关问题请与我社联系

审校部电话0871-64164626　印制科电话0871-64191534

云南百位历史名人传记丛书

编委会名单

总 序

丛书编委会

历史长河浩浩荡荡！中华文明自滥觞至汇聚千流，涵纳万水，奔腾迭起，云蒸霞蔚，延五千年之长史，至今生机勃然，是迄今世界上唯一保持完整且衍传有序、光耀于人类的伟大文明。

习近平总书记指出：一个国家、一个民族的强盛，总是以文化兴盛为支撑的。中华民族是具有非凡创造力的民族，我们创造了伟大的中华文明，实现中华民族伟大复兴的中国梦，必须弘扬中国精神。以爱国主义为核心的民族精神，以改革创新为核心的时代精神，是兴国之魂，强国之魂。

云南，是祖国西南神奇、美丽、富饶的宝地，是中华文明中极具特质和创造潜力的丰美之乡。云南少数民族文化是中华民族文化的重要瑰宝。长期以来，云南大地上，各民族和睦与共，相濡相生，共同创造了色彩瑰丽、形态多元、底蕴厚重、影响深远的历史文化，为我们留下了珍贵的精神遗产。人，是历史的镜子，是历史最生动的环节，人民是历史的主人和创造主体。在人类历史的进程中，一个个不同时期的代表人物产生过一些不同的影响。“云南百位历史名人传记丛书”就是这样一丛历史的记录，一百位历史名人，虽未必尽能概全，各位历史人物的代表性也不尽相同，但都是“追梦人”，是振兴民族伟大理想的传薪人、探索者和实践家。

在这些代表人物中，无论是拓土开疆的将帅勇者，还是蹈海酬志的大国使节；无论是志于传播文明的鸿儒巨擘、先哲贤士，还是为民族独立解放而高歌猛进、慷慨捐躯的群雄英杰，都贯注了这一重要精神。正是以他们为代表的云南各族人民创造并抒写了可歌可泣的英雄史章，熔铸了坚韧不拔、奋为人先、包容博大、敢于担当的精神品质，才使云南在中华文明的长史中闪耀着特有的光辉。尤在近代中国，在辛亥护国风云中，在反对外辱保卫祖国边疆维护民族尊严、抗击日本法西斯侵略中，云南站在历史前台，以中华群雄的不屈身影演出了一幕幕豪迈悲壮的历史大戏，也更涌现了一批足以彪炳史册、光照后人的杰出人物。这一切，给予中国历史进程深远的影响。

今天，实现中华民族伟大复兴之梦，谱写富民强滇中国梦的云南篇章，需要以中华文化发展繁荣为重要条件，这就需要接续这一光荣而伟大的精神传统，在继承中创新，在创新中发展，在发展中超越。云南正处于一个新的历史起点上，需要大力挖掘历史文化资源，聚合更强大的精神动力，为推动我省科学发展、和谐发展、跨越发展凝心聚力。为此，我们组织省内外专家学者编写出版了“云南百位历史名人传记丛书”。这对加强我省各族人民，尤其是青年一代对历史的了解、认同，爱国爱乡爱民并甘于奉献，对提升优秀精神品质，形成团结奋斗的共同的思想基础，坚定推进富民强滇的信心和决心，显然有着重要的现实意义和切实的助力。

一百位历史人物，所处历史时期并不相同，其历史作用也有差异，甚至就个人的全面历史评断方面也难以等量趋同。但我们以为这些留存史迹的人物，所以传扬至今，为后世崇奉，均有他们共同的历史向度和价值取向，我们学习这些历史人物，至少应当着重于以下几个大的方面，即：“守大德、重大义、集大成、有大度、达大观”。

守大德，即恪守道德规范。“德者，本也。”（《礼记·大学》）“大德”既是国家民族的根本利益所在，也是中国文化中最核心的价值理念及标准。古语“行德则兴，背德则崩”，不仅是资政经验，也是个人修习完善的根基。所谓“厚德载物”，直观的理解，就是如果德行浅薄，是不能兴物成事，更不能造就伟大功业的。云南历史文化名人，大多以德立身，大节不移，并对此恪守坚定，一以贯之；始终保持正确信念和理想，并为之奋斗到底。这是我们首先要学习尊崇的。

重大义，即以国家民族利益的需要为个人行为取舍的标准。有大义，才有大爱。这些先贤无不爱云南爱乡土，以兴业乡梓、造福一方为己任。尤在国家民族命运攸关、生死存亡的关头，这些令人崇敬的先辈，大义擎天，逢难不避，敢于担当，责无旁贷，勇往直前，不惧牺牲。一个心存天下大公的人总会在不经意的一瞬决定大义的选择，这是社会进步的希望所在，更何况实现中华复兴的伟大梦想，还有很多异常艰危的事业在等待我们去克难攻坚。所以，举凡大义、为民为国、全身而进的精神是我们应当效法崇尚的。

集大成，“知类通达，强立而不反，谓之大成”。这些历史人物留下的足迹，予人深刻启迪。他们无论是出将入相，还是布衣一袭，均勤学不辍，求索不止，在追求真理和知识的道路上刻苦务实，义无反顾，永无终期，故能成大器，胜大任，不辱使命。今天，世界进入知识信息时代，软硬实力决定一个国家能否赢得发展机遇，乃至自立于强国之列的地位。其紧迫性不亚于先辈梦想中国富强的百年期许。但今天所谓“集大成”，是更高更大更具有生存挑战性和发展战略性的，是集世界之“大成”，集政治经济、科技文化、制度建设、社会发展等一切领域“总成”，玉成中国梦的空前伟大的事业。所以，先人刻苦自律、博学精进的学习精神我们应当秉持继承。

有大度，即要有开放包容的胸怀。云南历史文化名人的一个共通品质，也是一个显著特点就是，即使身处僻远，总能破除狭隘与陋见，以宏大度量，兼容并包，接纳先进，吸收优异，团结一切可以团结的力量，聚合一切可以聚合的资源，总成一股创造历史的宏大动力，来完成伟大的事业。哪怕是割股舍己，也在所不惜。今天，云南要实现跨越式发展，保持开放包容的胸怀尤其重要。所以，先辈“天下云南”的大度我们应当弘扬光大。

达大观，即要眼观天下，达察全局，与时俱进，审时知变，敢为人先。推动云南社会历史进步的代表人物，无不目光远大，胸怀全局，对世界潮流、时代嬗变，都能审视洞悉，并欣然顺应规律，故能在历史转折的关键时刻做出正确选择，成就改天换地的一番伟业。古语有“小智自私”、“达人大观”，是将为个人谋私的小智谋与担当天下兴亡的大智慧尖锐对比而言的。否则，“其兴也勃焉，其亡也忽焉”。一个为民为国而应用心智的人，必然有达观天下的心怀，也由此激发潜能、超迈寻常，而使人生境界也更加美好而宏丽。遍观世界文明史，许多影响人类进步的伟大创新，正是以此为动力和起点的。今天，中国经济社会的快速发展，国家的日益强大，正为实现中华民族伟大复兴的中国梦开拓了无限广阔的道路，也为个人实现自身价值创造着更加富实的前景。所以，先辈们达观天下的精神我们应当引为楷模。

我们对志向高远、仰观天下、俯察民情、甘为路石、慨当以慷、求真务实的历史名人，心存景仰，并愿与千千万万的读者，尤其是青年朋友一道学习弘扬。

组织编撰“云南百位历史名人传记丛书”是一项重要的文化工程，编撰出版人员都做出了艰苦的努力，但由于众手修书，书稿层次不一，成书体例难以做到完全一致，对存在的不足敬请读者批评指正，我们将虚心接受，并在修订再版时一并吸纳修改完善。

目录// MULU

目录// MULU

扇面诗

打开一把题诗纸扇，看到两颗怦怦跳动、充满激情的爱国心。刘永福没见过赵藩，他给赵藩寄扇求诗，就是仰慕赵藩的诗名。赵藩也想象不出刘永福的音容笑貌，但仅凭他能带领黑旗军在越南英勇抵抗法国侵略军，就认定他一定是“奇男子”，乐意给他题诗。

过去的欧洲人讲风雅，看重风度，如英国人的绅士风度，十分注重举止姿态，以至于服装都有范儿，好像是浸进了骨髓，至今没怎么退化。中国古人讲风雅，喜欢诗歌交往。“风雅”一词的产生，是否源自《诗经》里的“国风”“大雅”“小雅”，有待考证，但风、雅、颂传递出的那种气质，影响、熏陶、涵养了中国人两千多年，如果说它们在庙堂之上铸就了讲究“颂”的文化气质，那么它们在民间就养成了中国人崇尚风雅的文化特质。文人雅士间喜欢以诗歌唱和，武将中也有不少诗写得很好的，被称为“儒将”，即儒雅之将军。有些武将不会或不大会写诗，却不懂装懂，喜欢胡诌，被嘲笑为附庸风雅；但也有些武将真心喜欢诗歌，甚至崇敬诗人。我们至今未发现中国近代的中法战争中威名赫赫的黑旗军领袖刘永福写过的诗，也许他本来就没写过诗，但他从千里之外的越南战场寄扇子到昆明，求赵藩在上面题诗。

在扇面上书写诗歌别有情趣。据说，人们在暑热天气展读扇子上《北风诗》《冰雪词·苦寒行》之类的诗，能收到“望梅止渴”的功效。在扇子上写诗的历史，起码可以追溯到两千年前。西汉成帝年间，宫廷有名的女诗人班婕妤失宠于皇帝之后，在她的绒面扇上写下了《怨歌行》，那情那景，可以想见有多少伤悲。明末秦淮名妓董小宛，中秋日在一个金笺纸扇面上用小楷写下《秋闺词》11 首，“多少深思书不尽，要知都在我心头”。她向情人表达的爱意多缠绵，多动人！晚清也时兴题扇面诗。慈禧太后曾命令一位书法家给她的扇子题诗。这书法家题的是唐代大诗人王之涣的《凉州词》，把第一句的“间”字漏了。慈禧觉得书法家欺负她没有学识，要问罪。书法家灵机一动，回答说：“我是借王之涣的诗填一首小词。”随即吟道：“黄河远上，白云一片，孤城万仞山。羌笛何须怨？杨柳春风，不度玉门关。”书法家的即兴创作，把慈禧弄得无言以对。

刘永福没见过赵藩，他给赵藩寄扇求诗，就是仰慕赵藩的诗名。赵藩也想象不出刘永福的音容笑貌，但仅凭他能带领黑旗军在越南英勇抵抗法国侵略军，就认定他一定是“奇男子”，乐意给他题诗。

19 世纪 90 年代，中华民族内忧煎熬人心，外患日益剧烈。1881 年沙俄迫使清政府签订《伊犁条约》，除了巨额赔款，中国西北大片领土被并入沙俄版图。而在西南，随着法国侵略军于 1882 年 4 月二次攻占越南河内，打通红河，吞噬云南成了他们日思夜想的目标。还在左宗棠带领新疆军民与沙俄侵略者浴血奋战的时候，虽然是一介落第书生，赵藩发出了“酣睡岂容侵卧榻”的怒吼。在北京又得知法帝国主义者觊觎自己的家乡，他急得像热锅上的蚂蚁，匆匆往云南赶，一路上喝酒无味，武昌鱼吃进嘴里也没有一点香味，恨不得即刻飞到边境。

1883 年 12 月，中法战争正式爆发，云南和广西军民奋起抗敌。刘永福、冯子材、杨玉科等英豪以身许国，豪气冲天，把侵略者打得喊爹叫娘，迎来了一个接一个的胜利。然而，在清政府内部，投降派和主战派一直在争吵，时而这边占上风，时而那边占上风，所以清政府对法国的态度时硬时软。作为一名爱国志士，得知只有刘永福的黑旗军在中越边境坚持抗敌，苦苦支撑，赵藩很难过。唇亡齿寒，法国侵略者一旦占领了越南，把黑旗军消灭掉，中国的大门就洞开了，首先遭受侵略者践踏的将是自己的家乡云南和比邻的广西。

市声何扰扰，到此静无声。
物色饶花絮，楼台半水云。
边烽传象郡，苦战惜鸦军。
犹有衔杯地，因之一醉醺。

这是云南省盐法道金仲鹤请诗友到翠湖喝夜酒时赵藩吟出的诗。秦始皇于公元前 214 年平定南越，在这里设置南海、桂林、象郡。当时的象郡包括了今天的越南北部和中部。赵藩诗中的“象郡”代指越南，“鸦军”指黑旗军。街头是那么闹腾，而一进入翠湖，立即变得静悄悄了。树木飞花絮，楼台看水云，多么美好的饮酒之地呵！但是，边疆传来的战报说明，翠湖之所以还能摆得下酒桌，全靠黑旗军在越南战场苦苦支撑。为黑旗军英勇奋战的精神干一杯是值得的，但除了对他们的钦佩、感激之外，不免心生疼惜！

说到金仲鹤邀约赵藩喝酒，除了赵藩与金仲鹤早已成诗友之外，赵藩是他的前任盐法道钟念祖的幕宾，他赏识赵藩作为幕宾的杰出才能，更从心底里佩服赵藩的品行。

赵藩 1882 年受聘为云南省盐法道钟念祖的幕宾。当时昆明的上层人士间流传着一首打油诗："一眼观尘世，独脚跳龙门。凸背朝天子，只手扶乾坤。"讽刺省府大员布政使吴浚眇一目，盐法道钟念祖跛一足，善后局总办、候补道刘树藩驼背，营务处大委员、候补道徐斌在打仗中被炮弹击断左手。赵藩并不因为幕主身带残疾而对他有丝毫不尊重，相反，他认为一个残疾人能当到盐法道，钟念祖正是自己靠奋斗改变命运的活榜样。赵藩从小跟父亲读书，由于父亲强调践履笃实，学到的主要是有用的知识，"经世"的本领。加之赵家本来就几代人经营乔后盐井，赵藩从先辈那里学到了周密的思维方式，练就了干练的办事作风，熟悉盐政法律、财会、文书业务，办起盐政事务来，得心应手，何况赵藩的诗才和书法也很受钟念祖赏识，主宾二人配合默契，合作愉快。

这一切，金仲鹤清清楚楚，但他却没有得到聘用赵藩的机会，因为赵藩早已被云贵最高长官岑毓英聘定。

岑毓英（1829—1889），广西西林县人，父亲从小把他送到广南府城南街舅父家居住，拜师广南名宿欧阳先生，就读于莲峰书院，读了个附生。咸丰初年在家乡西林办团保，1856 年带兵入云南镇压回民起义。由于屡立战功，官运亨通，由代理布政使、按察使、道员、布政使、巡抚升至署理云贵总督。1876 年回家守孝，期满后在贵州、福建共任巡抚 3 年。1882 年回到署理云贵总督任上，第二年实授云贵总督。岑毓英离开云南 6 年以后又回到任上，急需找到得心应手的助手，就想聘赵藩为幕宾。

当时赵藩还在为钟念祖工作，就住在盐法道衙门，岑毓英不便登门，特地托人向赵藩郑重地转达岑毓英聘他当幕宾的愿望，并说明月薪百两银子。这是钟念祖所给月薪的一倍，但赵藩没有应承。他对岑毓英的说客诚恳地说：“钟老对我有知遇之恩，我当涌泉相报，不能半途而废呵！”岑毓英听到赵藩这番真心诚意的回话，发现他除了有才干，还重义气，知恩图报，反而更喜欢他了。

赵藩果真心口如一，直至钟念祖因病辞职回家，才接受云贵总督岑毓英的聘用，主管笺奏。

云贵总督岑毓英在中法战争中反对投降，是清政府官员中的主战派，和赵藩一样有爱国情怀。岑将军也不会写诗，但仰慕赵藩的诗才，喜欢听赵藩给他吟诵诗作，喜欢听他讲诗坛趣闻，主宾两人意气相投。赵藩谦虚地以请求幕主指教之名，常常把自己的诗词新作，送给岑毓英看。在翠湖酒席上创作的那首疼惜黑旗军苦苦鏖战的诗，赵藩让岑毓英看到了，他在刘永福寄来的扇子上题的诗也让岑毓英看到了，他向岑毓英表达对中法战争的看法，表达了对黑旗军的敬佩和同情，企望岑毓英能够支持黑旗军。岑毓英很信赖赵藩，对于中法战争的看法，他和赵藩心灵相通。作为云贵总督，岑毓英在暗中一次又一次给予黑旗军援助。

刘永福（1837—1917），早年曾投身太平天国起义，太平天国运动失败后率部退守中越边境，号称“黑旗军”，不受清政府节制。1883年，应越南国王求援，刘永福率部从云南边境赶赴越南河内，一举全歼了法军将领安邺带领的侵略军。他被越南国王任命为三宣副提督，斗志更盛。法军与黑旗军对阵，屡战屡败，连他们的名将李威利也被刘永福击杀，刘永福因此被越南国王封为一等义良男。刘永福虽是出身雇工的武将，却早已仰慕赵藩的诗名。1884年，他率黑旗军退到越南与云南邻近的保胜（今越南老街），特意托人带了一把纸扇请赵藩题诗。赵藩没见过刘永福，但对刘永福带领黑旗军把法国侵略者打得落花流水的事迹如雷贯耳，赵藩钦佩刘永福不畏惧法帝国主义的英雄气概和与侵略者斗争到底的坚定信念。同时，因为赵藩自己也是坚定的爱国主义者，正在为法国把侵略的战火烧到国门口而义愤填膺，于是欣然命笔。他给刘永福的题诗是：

日南之邦古献雉，圣代绥藩同一视。
岛夷狡尔思启疆，唐突藩篱窜蛇豕。
黑云压阵鸦军来，喋血斑斑战袍紫。
誓死传檄气喷薄，鬼胆先寒鬼魄褫。
我不识君作何状，心知自是奇男子。
庙堂柔远冀德化，百年槃敦要难恃。
木兰回忆鼎湖痛，中外臣民深切耻。

君才杰出正有用，感恩况复怀桑梓。

愿军抑塞持定刀，坚抱葵心贯终始。

指挥白羽扫边氛，他日书名压青史。

——《越南三宣提督刘渊亭镇军（永福）寄扇索诗》

赵藩题诗情真意切，激情洋溢：中国和越南，山水相连，有着割不断的历史关系。法军侵略越南，就是图谋我国边疆。你带领黑旗军奋勇抗击法国侵略军，打得他们魂飞魄散，我虽然没见过你的模样，但你在我的心里已经树立了才能杰出的奇男子、大丈夫形象！现在中法已经开战，你的聪明才智正有用武之地，何况这是报效祖国，报恩人民的时候，祝愿你坚定信心，矢志不渝，带领黑旗军扫除一切敢于来犯之敌，你和黑旗军将来定会青史留名！

打开一把题诗纸扇，看到两颗怦怦跳动、充满激情的爱国心。才子与豪杰通过索诗题诗这种感情和思想的交流，促进刘永福决心保家卫国，为抗击法国侵略军而接受清政府收编。黑旗军在刘永福带领下投入了中法战争，并屡立战功，在中华民族反帝反侵略的史册上写下了光辉的一页。

满城皆赵字

“满城皆赵字，无处不藩书。”一个书法者到了不用署名，不用盖印章，人们一眼就能看出是他的书法作品，那就说明他早已不是只会模仿别人的人，也不是一般的书法家，他已经独具风格。人们从书法风格就能辨识出其作者的书法家，那是大家！楹联研究专家郭鑫诠称赞赵藩为“‘滇人善联’的代表人物”。

书写大观楼长联

1999 年 4 月 29 日，那是一个细雨霏霏的日子，但有一群人打着伞久久地观赏昆明大观楼长联。他们是前来出席昆明世界园艺博览会开幕式的党和国家领导人江泽民总书记及其陪同人员、云南省的党政领导。他们一字一句品评着，直至进了楼还津津有味地议论不止。其后，总书记在云南民族村白族村的讲话中热情地称赞说："元朝的萨都剌是少数民族，但是他的词写得好极了。云南少数民族中也出了不少历史上有影响的杰出人物。大观楼的长联，写的人是孙髯翁，书写的书法家据说是白族的。"这位受总书记称道的白族书法家是谁？他就是赵藩。

赵藩的大观楼长联书法写就于清光绪十三年（1887）冬。那时，赵藩正在云贵总督岑毓英府上任幕僚。有一天，岑毓英与赵藩谈起自己六十大寿的事。岑毓英把六十大寿的庆祝看得很重，他既知赵藩的文才，赵藩同时又是他十分倚重的大总管，怎么把大寿庆祝活动办好，岑毓英免不了要听听赵藩的主意。

岑毓英自 1856 年进入云南，中间短时间回广西西林原籍侍奉父母，短时间调贵州、福建任巡抚，加在一起不足 5 年，其余 20 多年都在云南做官，与云南结下了不解之缘，与赵藩结下了不解之缘，赵藩也希望把岑毓英的六十大寿庆典办好。赵藩建议：一要大宴宾客，尤其要让

20多年来跟随岑毓英东征西讨，出生入死的僚属、文武官员以及省垣绅耆得以欢聚；二要做一件善事。

岑毓英很赞同："如此甚好，既有面子，又有意义。"他进一步探问："前一项自然不可少，后一项做什么善事好呢？"

赵藩答："做这件善事，要给您的六十大寿留下纪念意义。"

岑毓英鼓掌道："想得好！金马、碧鸡、忠爱三坊的重修，就很有纪念意义。将来我岑某回了西林，归了西天，品字三坊还在嘛，哈哈！可是，现在离生日庆典时日已不多，不说财力，办这类大事，连时间也不够啊。"

品字三坊的重修都是由赵藩的剑川乡亲们完成的，对于它们的重修给岑毓英带来的莫大喜悦，赵藩岂能不知？对于这次的善事该做什么，赵藩已经成竹在胸，只不过他要先引出岑毓英的兴致和兴趣："重刻重立大观楼长联，大人以为如何？"

大观楼清康熙二十九年（1690）始建，就建成了大观楼、涌月亭、澄碧堂等亭台楼阁，6年之后又挖掘了池塘，大观楼也由两层增高成三层，雕梁画栋，成为省城第一名胜。达官贵人，高人雅士，纷至沓来，饮酒赋诗，歌唱大观楼的诗词楹联大批产生。乾隆年间寒士孙髯翁的大观楼长联问世，更是好评如潮。后来模仿者甚多，却无人能及。大观楼长联赢得了"海内第一长联""海内长联第一佳者"的美誉。

赵藩善联，他也真心推崇大观楼长联。他曾在孙髯翁长期居住的咒蛟台题诗：

奇句蛟龙服，应逾禁咒严。
此台巍不动，千载属孙髯。

据说，昆明圆通寺正殿东距殿角数十步处有一个岩洞，原名圆通洞，有蛟龙藏于其中。晋宁盘龙寺一高僧来到圆通寺后面石台上，每天念咒语，终于把蛟龙赶走。圆通洞于是干涸，易名潮音洞。咒蛟台如今还在，孙髯翁晚年住在咒蛟台，自号蛟台老人。诗人在这首诗中，称赞孙髯翁的大观楼长联令蛟龙都叹服，要说制服蛟龙的武器，大观楼长联比盘龙寺高僧的神咒还管用。孙髯翁及其长联，将和咒蛟台大石一起屹立千古。

岑毓英与身边的文人雅士雅酌闲游，也常常聚会大观楼，对长联心甚爱之，加之想到原来由昆明人士陆树堂书写的大观楼长联已与楼一起毁于兵燹，把重立大观楼长联列进自己的庆祝六十大寿项目，不仅能让祝寿活动大放异彩，将来自己驾鹤西去，名声还能与长联长存于世，岑毓英心里美滋滋，乐滋滋，吩咐赵藩抓紧操办。

刻书工匠不愁，能胜任的剑川木雕艺人举目皆是，而书家则大有考究。他不仅要在书法界名气大，名声好，而且岑毓英本人要喜欢他，欣赏甚至推崇他的书法才行。赵藩把当时有把握约请的书法名家向岑毓英和盘托出，一并推荐，其中包括外省籍人士谭忠浚、周应方、舒运昌、陈先湖、苏忠廷、王介臣和本省人士孙竹雅、蔡岂田等。赵藩一一介绍这些名家，岑毓英自始至终笑眯眯地听着，不插一句话。待到赵藩说完，岑毓英却不假思索地说："就劳烦先生书写了，不必另请高明。"

赵藩相信自己的底气，但还是受宠若惊："此等荣耀，赵藩担当不起。"

"先生当之无愧，不用推辞了。长联刻好了，我们就选日子重立，也不必和生日宴会安排在同一天。"虽然重立大观楼长联是自己为庆祝生日而做的善事，但岑毓英不想让别人把二者联系起来。

按照年节习俗，大年初一不出门，从大年初二起相互拜年或外出游玩。1888 年正月初二上午，大观楼喜气洋洋。锣鼓声中，文武官员、骚人墨客、乡绅耆老和看热闹的游人都聚集于大观楼下。随着清脆的鞭炮声噼噼啪啪响起来，已在大观楼上悬挂好的新刻长联上的两条红绸徐徐落下，蓝底金字，长 5 米，宽 0.65 米作瓦覆状的木质大观楼长联露出真容。字体为端庄的工楷，联末一边题"昆明孙髯翁先生旧句"，另一边题"光绪十四年戊子春正月二日西林岑毓英重立"。顿时，惊叹之声，赞美之声，祝贺之声连成一片，不绝于耳。赵藩从长联书成楹联，木料选择，工匠试雕到描金上漆，一道道工序都请岑毓英亲自过目，岑毓英总是笑眯眯的。在重立长联现场听到那么多赞扬，看到那么多喜色，岑毓英仍然是笑眯眯的。对于当面道贺、称颂的那些地位特殊的人，他也只是拱拱手，并未回应许多话，但他内心的兴奋、快乐和满足，都摆在脸上，这些表情并没被总督位高权重的威严盖住。赵藩则有意避开众人的视线，让岑毓英尽享荣耀与快乐，而不必顾及他这个不署名的长联书法作者和长联重立的策划者、操办者。

一个书法者到了不用署名，不用盖印章，人们一眼就能看出是他的书法作品，那就说明他早已不是只会模仿别人的人，也不是一般的书法家，他已经独具风格。人们从书法风格就能辨识出其作者的书法家，那是大家！如今有些浮躁之辈，不把心思和精力用在提高自己书法的品位和创造自己的风格上，而想靠谋求别人、谋求媒体的吹捧，甚至于靠争夺书法家协会的领导职位来提高自己书法的知名度、美誉度，他们的书法作品是经不起历史考验的，最好的结果只可能是从当下那些附庸风雅者的钱袋里多赚得两文钱而已。

大观楼长联的文字，毛主席早年从一本《楹联丛话》中已经拜读，1935 年又重读，并做过批点，心仪却无缘观赏其书法。20 世纪 50 年代，毛主席在接见云南省党政领导时，给予大观楼长联高度评价，希望看到长联书法拓片。长联拓片由云南椎拓高手张宝善亲自完成，由云南省党政领导送到毛主席手里后，毛主席十分喜爱。据他的秘书公开发表的回忆文章讲，毛主席把大观楼长联拓片放在床边，常常观赏。赵藩的书法和孙髯翁的长联珠联璧合，相互辉

大观楼长联为孙髯翁旧句、赵藩书写（王鼎乾　摄）

映，使大观楼长联重立100多年来名扬四海，赞不绝口，长联因此成为大观楼最为重要的名胜，成为昆明的骄傲。

在《昆明览胜》一书中，云南大学教授、书法家赵浩如评价赵藩长联书法“由颜体蜕出，结构稳健，笔画严谨，浑厚苍润，颇见功力，为长联增色不少”。大观楼长联研究专家、云南师范大学教授余家华在《古滇文化思辨录》中说，赵藩“以其圆润有力的书法，为长联增添了光彩”。《春城晚报》2000年8月18日登载的《有关赵藩的一点史实》一文中，云南师范大学李杰森教授称赞长联书法“雄浑有加，丰腴有骨，庄严秀丽”。云南省文史研究馆馆员李孝友在《赵藩对云南学术文化的贡献》文章中评介赵藩“是清末著名的书法家，其字古朴苍劲，有骨力，得颜鲁公笔意，于南园各具自身风格”。

如今，赵藩书写的大观楼长联又被昆明市园林局制成铜质楹联，继续高悬于大观楼。这件艺术精品，将流芳百代。

成都武侯祠“攻心联”是赵藩创作的，书法也是他自己的作品。对于其书法，1979年上海《书法》杂志第3期发表的方滨孙《观赏武侯祠文物——书法艺术》一文评价说“字体是学颜真卿的，笔趣流畅着实，疏落大方，使人有笃重朗达的感觉，这与诸葛亮‘宁静以致远’的治事旨意，颇有艺术形式与内容统一的工巧”。云南著名书法家张诚与颜秀冬在《赵藩的武侯祠对联书法》的文章中称赞“攻心联”，“书法以颜真卿、钱南园为宗，用笔凝重端朴，浑厚刚健，自成一格，此联可谓文书俱佳的传世精品"。清末书法家刘墉和翁同龢的书法对赵藩后期书法也有一定影响。刘墉号石庵，翁同龢号松禅，这就是赵藩晚年自号"石禅老人"的来历。融碑帖为一体的清末书法家何绍基对赵藩也有明显影响，赵藩从上海购得的《何子贞临张迁碑》存留至今。赵藩书法自成风格后，还不断出新，不断变化，不曾僵化，其原因就在于永不自满，学习不止，创新不断。

"满城皆赵字，无处不藩书"

由于赵藩书法和撰写对联的名气都很大，而为人又谦和、大度，谁向他讨要题词、题字、对联，他都不拒绝。"满城皆赵字，无处不藩书。"是民国年间昆明流传相当广的一句民谣，"赵字"指落款赵藩的题词、题诗、题联等他创作的作品，"藩书"指赵藩的书法作品。从这短短10个字，可以看出赵藩诗词楹联和书法作品在昆明的影响力有多大！赵藩存留至今并已公开、出版的楹联集《介庵楹句正续合抄》是由他的弟子周钟岳、赵式铭、陈光迪收集整理起来的，陈光迪在《介庵楹句辑抄》序中写道：吾师对"楹句不自爱惜，零星散失，搜而存之，弟子职也，不过得十之三四而已"。照已经收集刊行的这本集子共计549副推算，赵藩创作的楹联当不下千数。"满城皆赵字"不算虚夸。

辛亥革命成功后，云南省军政府在昆明举行了盛大的光复纪念会。按中华民族的文化传统，纪念会灯坊两侧必然要有一副对联，既宣示纪念会主题，又增加会场热烈、喜庆气氛。纪念会筹备处经过讨论，认为能担当这副对联的创作及书写者，非赵藩莫属。赵藩的对联贴出后，许多人称道它说出了1000多万云南人民心中想说的话，于是迅速传诵开了：

民国史炳焉！大书特书，纪念无忘此日；
云南人苦矣！再接再厉，热忱可告于天。

昆明东郊鸣凤山风景名胜区以铜瓦殿最为有名，现代人干脆把这个风景区叫金殿了。铜瓦殿不仅整座殿宇属于纯金属建筑，连殿宇前门和背面的楹联都是赵藩创作并且书写。殿前金光熠熠的铜联书法着实流畅，而金殿背面的楹联则敦厚有劲。两联虽然都带颜体功夫，却各具特色。其中金殿正面门联云：

铜瓦一殿，岿若武当，此地升香同享帝；
铁壁诸关，屹然腾越，前代筹边大有人。

昆明鸣凤山这座金殿，完全模仿湖北武当山太和宫金殿铸造，故而一样岿巍。里面供奉的神仙，也和武当山

赵藩题金殿联语（王鼎乾　摄）

金殿一样，是道教真武大帝。金殿外围同样仿武当山太和宫筑砖墙、城楼、宫门环护，亦称太和宫，只是民间百姓喜欢直观，所以他们爱叫它铜瓦寺。赵藩楹联上联不仅准确地描绘了昆明金殿的峃巍状貌，而且点明了其作为云南真武信仰中心的地位。

明朝从朱元璋开始，历代皇帝崇奉真武神。明成祖朱棣，进一步把真武神钦定为皇室主要保护神。终明一世，奉祀“玄天上帝真武神”成为明皇室不可更改的“家规”。明朝廷首任镇守云南的大将沐英，是朱元璋的养子。从他延及第 17 代子孙沐天波，一直充任云南的最高统治者。他们和云南官府其他人与明皇室始终保持一致，不仅把真武崇拜带进了云南，并且一直把真武帝作为“南滇福神”供奉。昆明“三月三，谒真武”成为历久不衰的民俗，与官方的倡导不无关系。昆明金殿建造于明万历三十年（1602），建造金殿的主持人就是当时的云南巡抚陈用宾。赵藩楹联的下联用陈用宾在腾越筹建铜壁关、铁壁关等八关二堡，防止缅军入侵，拱卫祖国西南边境安全的功绩，点出了金殿建造的主持人。同时，面对清朝末年外患不断，通过对陈用宾护国之功的赞扬，表达了作者自己的爱国情怀。

赵藩为昆明西山华亭寺书写的楹联深受楹联界称许，广为传诵。

谁见碧鸡，玉韫山辉，望祀高文传汉使；
曾来白鹤，天澄海兆，凌虚清唳拟华亭。

此联中的“望祀高文传汉使”自豪地说，金马、碧鸡的神话，在两千年前的汉代就已经影响很大。汉宣帝曾派特使王褒，持节到云南拜金马、碧鸡。王褒最终虽然未能到达昆明，也还是在建宁（今四川省西昌市）写了一篇祭文，遥祀金马、碧鸡。昆明华亭寺初建上梁时，群鹤翔集，鸣声清越，天蓝海净，一派祥和气氛，人们认为是吉祥的征兆。于是，根据“华亭鹤唳”的典故，拟新建寺名为“华亭”。赵藩把历史掌故、神话故事、民间传说与山川景象揉为一体，让人们看得见华亭寺的自然景观之美，迷恋于华亭寺的神秘传说，大大提高了人们对华亭寺的认知度，大大提高了华亭寺的知名度。

昆明西山公园藏经楼悬挂着赵藩题写的“谁见碧鸡”联（王鼎乾　摄）

西山三清阁，留下的是赵藩集陆龟蒙句书写的对联。“重窥清浅水”，让在三清阁遥望茫茫滇池水的人，联想到李白站在泰山之巅吟咏着“举手弄清浅，误攀织女机”的浪漫情景，视滇池为银河，多有诗意啊！“坐进金碧腴”，生活在那么丰腴、那么神奇的神话般的土地上，谁能不感慨昆明是最适宜于人类居住的地方。

如果说赵藩的三清阁集句联让人们领略了一种诗意，他撰写的筇竹寺联则让人们领悟了一种禅意：“解脱万缘，筇杖拨云收海镜；游戏三昧，竹枝和月画山窗。”中国诗歌、美术创作和欣赏，以有意境为上品，赵藩题联可谓深谙其中三昧。

“鞠育劬劳，莲子有心知苦；慈悲解脱，天花着体能消。”赵藩与平常百姓一样，在那缺医少药的年代，眼睁睁看着天花夺去自己心肝宝贝的性命。在为翠湖莲花寺痘神祠题写的这副楹联里，充分表现了他对百姓的真挚而深切的同情。

赵藩先后给昙华寺撰并书的楹联存留下来的多达4副，其中“守五叶宗风”联被雕镂于门框石，至今一进园子就炫然在目。

昆明还有虚凝庵、三佛殿、吴井桥三公庙、铁峰庵三烈祠、永历帝庙、普贤寺、升庵祠、安宁杨文襄公祠、杨林兰止庵祠、晋宁福善寺等，几乎所有风景名胜区都悬挂过赵藩的楹联。

自然，赵藩生于剑川，养于剑川，他留在那块土地上的楹联比昆明还多。云南省各地的风景名胜，如丽江净莲寺、保山博南山人祠以及鹤云寺、鸡足山、楚雄杨文烈公祠、禄丰王文毅公祠、腾冲刘邓二公祠以及宝峰山贤祠、大理回教清真寺、大理三公祠以及尹忠烈公祠、洱源潜龙庵、乔后井广泽祠、东川金钟寺以及温泉、开远古城门、建水燕子洞、永平张忠烈公祠、峨山大乘寺等，赵藩的楹联都为它们增辉。

赵藩先后两次到四川做官共 10 多年，从成都武侯祠、杜甫草堂、薛涛井、丁文诚公祠等名胜古迹，到峨眉山金顶寺、灌县李冰父子庙、巫山神女庙、眉州三苏祠、泸州三官祠揽秀楼、资州龙山来鹤园、彭州市听春楼、绵阳芙蓉溪李杜合祠、酉阳考棚、龚滩文昌阁，赵藩的题联，总是悬挂显眼处。四川总督岑春煊给成都汉武阴侯祠墓送楹联，要赵藩书写。继任总督锡良写成《贡院废号记》，也请赵藩书写刻碑。有个老百姓要开茶馆，求赵藩为他的招牌旗题字，赵藩同样欣然挥毫。此后好些年，成都城里新开的各行各业铺子，招牌旗不管是谁写的，都落款“赵藩题”。在泸州市博物馆，赵藩撰并书的楹联作品至今长期展出。

此冈萃金碧英灵，大招一曲赓骚赋；
何事洒玄黄战血，公论千秋付史编。

炳彪义烈，视日中天，百战勇无前，死国由来缘爱国；
马革忠魂，如水在地，一灵常不昧，岭南何恨隔滇南。

何其悲壮、何其撼人心魄的楹联！时至今日，它们都还在广州二望冈昭示着滇军将士在护法战争中用鲜血和生命换来的永不磨灭的功绩。它们是对金碧英灵抹不掉的历史记忆，而在赵藩题联当时，它们更是战鼓，鼓舞着万千滇军将士从护法到北伐，前仆后继，英勇献身。

赵藩为滇军墓书写的楹联，除了二望冈，在韶关市南雄滇军墓地也镌刻了他的题联。在广州六榕寺、峡山寺、榕阴园，在韶关南华寺以及麦武烈公风烈楼，在曲江张文献公祠，在香港栖仙馆藏经阁、陶园酒楼等景区景点，都有赵藩赠联。

赵藩对老百姓有求必应。为什么呢？在剑川流传着这样一个故事：有一年，桑岭村杨举人得知赵藩回剑川养亲，趁村边梨园花盛开，特邀赵藩赏花。同村一杨姓老倌也仰慕赵藩这位文化名人，叫老婆背了一背柴上街卖掉，买回一张麻纸，请赵藩题写一张中堂字帖。赵藩热心热肠地为身穿破衣烂衫的杨老倌题词，杨举人很不理解。老倌刚离去，杨举人就说："赵大人，这里有的是宣纸、绢帛任你写画，何必为一张麻纸费神！"赵藩和颜悦色地回道："你这些宣纸、绢帛固然金贵，但你得来容易。那老倌拿来的虽是一张麻纸，但那是从山上的荆棘中砍来的，麻纸还比宣纸贵哪！"

自然，对于那些市侩，赵藩也不客气。昆明名士、书法家陈荣昌为他制定了"润笔"标准，相当于我们当今的文物专家鉴定和估价，并一再提高收费标准，让前来求字的市侩望而却步。陈荣昌在庆祝赵藩74岁生日的《和诗》中还以此事相戏取乐：“戏以书田作奇货。”从一方面是“满城皆赵字，无处不藩书”，另一方面又是“奇货可居”这种看似矛盾，看似不可思议的景象，表现出来的恰恰是赵藩高贵的文品和高尚的人品的一致和统一。

赵藩还在世的时候，他的诗词楹联和书法在四海之内的文化界都受尊崇。陆丹林是民国时期我国著名革命文学团体南社诗人，并在上海主办多种刊物。1926年，他把自己的书斋命名为“红树室”，另一南社诗人、著名画家黄宾虹就此专为“红树室”画了山水画《红树室图》。陆丹林特意将《红树室图》从上海寄到昆明，请赵藩题字。赵藩在《红树室图》左上角题诗：“陆天随结红树屋，黄子久写碧山图。老我为题廿八字，报君还代一封书。”文学、绘画、书法3位大家，千里传纸，共做一件诗书配画作品，美谈哟！

“滇人善联”的代表人物

楹联研究专家郭鑫诠称赞赵藩为“‘滇人善联’的代表人物”，名列“中国十大联家”。云南大学人文学院院长段炳昌评价赵藩是“中国最著名的楹联大师之一”。赵藩的楹联成就如此之高，影响如此巨大，其楹联究竟有些什么特点？赵式铭在《介庵楹句辑抄续集》序中指出：赵藩的楹联“深者极奥衍，浅者极轩豁，高者极典重，雅者极千眠，声不一调，体不一格，唯意所适，无施不可”。这就是说，赵藩的楹联，深入而浅出，含义极其深广而且富于变化，但又轩敞而豁亮。有典范的庄重和高尚，又优美得光彩照人，对于楹联对仗工整与平仄协调有机结合的掌握，已经由必然王国进入了自由王国，让对联的格律自如地表达对联的思想内容，随手拈来，皆成佳作。

赵藩楹联内容丰富，涉猎广泛，其中反映他审时度势，追随时代潮流的作品，最具代表性的就是受到举国推崇的楹联“攻心联”。他热情宣传进化论和平等新思想，在鸡足山弥勒殿题联中，他写道：“天王人王平等观，安作五体投地；出世入世随宜过，本可一笑付之。”在大理回教清真寺题联中，他则说：“人群须进化，厚生正德，方能并立五洲。”

以撰写并送挽联的方式悼念离世者，是中国的特色文化传统。但一般只歌功颂德，所以绝大多数套用陈词旧语，美言粉饰，远离实际，华而不实。赵藩坚持实事求是地在挽联中客观公正地评价逝者的功过是非，符合他的做人原则，但做起来很难。唐继尧去世，悼念他的挽联中，赵藩写的“治滇无善政，护国有奇功”流传甚广。这副挽联，文字通俗而又高度凝练，短短 10 个字，对唐继尧一生的功过得失做出了全面准确的评价。不仅如此，在这副挽联的内容里，充满了诚挚的感情，其中既包括了对唐继尧为推翻帝制，维护共和英勇奋斗的崇敬，也包括站在受尽苦难的云南人民的立场向唐继尧讨回应有的公道。读了这样的对联，对赵藩的高尚的人格，谁不感佩！

体谅百姓，不畏强权，是赵藩楹联的又一个特点。《酉阳直隶州署题联》写道：

所求好恶公小民，貌纵不同心可喻；
讵敢唯阿媚大吏，腰何妨折志当伸。

平头百姓来求官府，他恶声恶气也好，耍小人手段也罢，他们的良苦用心是可以理解，可以体谅的，无论如何可以沟通。而在高官大吏及其走狗的以势压人面前，则腰杆宁断不可弯，官可以不做，志不可以夺，要敢于说“不”！赵藩还有不少楹联表现了以“清勤”“求治理”的官员荣辱观。赵藩出任四川酉阳直隶州知州，在州署大门上挂出一副对联公开向百姓申明，他要以“清勤”即廉政、勤政实现对本州的治理。

赵藩楹联很重要的一个思想内容，是继承中华民族优良道德传统。在剑川县城西门街“光禄第”，正房堂屋是赵藩家的活动中心和接待客人最正式的场所，堂屋门楣挂匾，书“正安堂”3个大字，门两侧对联为：

有德则贵有荣则富有礼则安有文则雅
宁厚勿薄宁方勿圆宁拙勿巧宁朴勿华

旁题“鹿邨撰句，命长子藩书”，父亲撰写楹联，儿子赵藩的书法。以德为贵，以荣为富，靠礼实现家庭的和谐，靠文化实现家风之高雅。待人要厚道不要刻薄，处理矛盾要讲原则不要圆滑，工作讲求认真而不要投机取巧，做人朴实真诚而不要“马屎表面光”。联中“有”“则”“宁”“勿”的重复出现，使联语的内容有反复强调的重要性，成了赵氏处世治学的箴言，传家的庭训。

赵藩热爱祖国，热爱祖国大好河山，从边疆到内地，从京城到岭南，他走到哪里，就写到哪里。这些楹联情景交融，他是讴歌美丽祖国的热情歌者！许多风景名胜都因赵藩的对联而雅、而胜、而名扬四海。《巫山女神庙》联云：

七百里劈峡导江，斧凿难为功，明德同怀夏先后；
十二峰兴云降雨，神仙不可接，微词特讽楚襄王。

巫山在今重庆市巫山县东南，有12峰。相传，赤帝女瑶姬，未嫁而卒，葬于巫山之阳，成为巫山女神。传说大禹治水，想疏通洪流但遇到飓风，飞沙走石，无法工作。幸得巫山神女传授法术，止住飓风。神女还派出侍从，以雷电劈开阻断洪流的大山，把巴蜀之水导入了浩浩长江。来到巫山女神庙，谁能不怀念一代又一代华夏祖先的美德！战国时楚怀王游高唐，梦见与巫山女神相遇，女神自荐枕席。后来宋玉陪楚襄王游云梦，楚襄

赵藩“众生是有缘而来”题联，悬挂于剑川石宝山宝相寺大门两侧（王鼎乾　摄）

王要宋玉追述巫山神女的故事，宋玉于是作了《神女赋》和《高唐赋》。《高唐赋》中讲述了巫山神女与楚襄王相会的故事：神女暗念楚襄王，私自下凡与其相会。襄王一见，惊其美若天仙，欲与之结为连理。但仙凡相隔，未能如愿。襄王还宫后，对神女念念不忘，害了相思病。神女为解楚襄王一片痴心，在梦中与襄王结合后，赠玉佩而别。楚襄王其后踏遍巫山，欲再访佳人。神女再现法相，说明前缘已了，勉励襄王收拾情心，专心社稷，遂辞别，返天庭。宋玉编出这样的故事来讽劝楚襄王，用心何其良苦！

“赵婆婆”

为朝廷权领大州，勉矢清勤求治理；
愿闾阎各忍小忿，慎勿轻易入公门。
——赵藩

1894年秋，赵藩由四川筹饷局提调升任四川酉阳直隶州知州，成为一个地方官。他一到任，就在州署挂出一副对联：

为朝廷权领大州，勉矢清勤求治理；
愿闾阎各忍小忿，慎勿轻易入公门。

上联是赵藩对自己的要求，也是公开接受社会监督。朝廷让他来执掌酉阳直隶州之权，他矢志以廉政、勤政治理好这个地方。在下联里，赵藩善意劝导同时也是要求百姓们，有了矛盾，产生摩擦，要相互宽容，相互忍让，不要动不动就到衙门打官司。打官司，花钱又费力。许多官司一打就是一年甚至几年，不要说打输了，就是赢下官司，自己也早被拖垮。

除上面这副对联外，赵藩在酉阳州署各道门上都贴了对联：

出纳语言，毋贻白圭之玷；
敬遇宾客，宜体丹书所铭。

赵藩在这里提醒自己和同僚，要慎用当权者的话语权：对于有缺点、有过失的人，不要一开口就去揭人家的疮疤；而接待宾客，尊敬是应当的，但不要忘记了应该坚持的原则。

焚香告天，苟妄索案中一钱，阴谴重也；
设身处地，敢不为天下百姓，平情由之。

赵藩要求自己和同僚对天发誓，不管是谁，在办案中吃了原告或者被告哪怕一文钱，都要遭受重重的天谴。就依人之常情办案，你敢不设身处地为天下百姓做主吗？

赵藩不是那种说一套，做一套的人，更不是只拿原则要求别人，对自己则不约束，敢放任的人。他把“践履笃实”的家教当信条，当行为准则，说到哪里，做到哪里。他上任伊始，就碰到了一大堆官司。喊冤叫屈的，扭送官府的，接连不断。赵藩抱定“慎刑恤民”的宗旨，决心对接手的案子一个一个亲自勘察。

在办案途中，轿夫的脚趾在沙窝山被石角划破。赵藩心疼，他让轿夫休息，自己带上随员，骑马进山，深入农村办案。为了保证司法公正，他和随员到哪里办案，都自备饮食，不接受宴请，不接受礼物钱财，这是司法公正的一项有力保证措施。

赵藩发现，这些案子多半与洋教有关。原来，1886年，川东大竹县出了个余栋臣，率领受帝国主义传教士和他们的“二狗子”欺凌压榨的百姓攻打了龙永镇洋教堂。其后，洋人勾结官府，对他们实施报复。余栋臣领导他的起义军又于1887年和1890年两度攻打洋教堂，在川东一带影响极大。酉阳直隶州所属秀山县早在1876年就爆发过群众反洋教的斗争,余栋臣起义再次引燃了秀山反洋教的烈火。1893 年，在赵藩还未被任命为酉阳直隶州知州之前，清政府调集优势兵力，与余栋臣起义军大战于大竹十万场，余军严重受挫，义军首领余翠坪英勇牺牲。从此，川东反洋教斗争走向低潮。而那些传教士和恶劣的洋教信徒乘机反攻倒算，给一个个他们所仇视的人罗织种种罪名，送交官府，强迫官府对这些人治罪，监狱里一时人满为患，社会上怨声载道。另外，他们认为反洋教势力已经镇压下去，而清政府又得罪不起帝国主义国家，害怕洋人，他们就可以为所欲为。他们以要求还教堂的名义，或以强租强买房产、田地的手段，霸占平民田产；他们包揽词讼，骗赖平民租谷，反将平民戳的戳伤，杀的杀死；洋教士竟敢因教案处理没偏袒他们而公开要求撤销办案地方官的职务。

赵藩并没有在这样的压力面前放弃公平公正原则，对随行办案人员明确提出，办案只看涉案人是否违法犯罪。对于那些欺上压下的豪猾之徒、仗势欺人之辈，不管有没有洋人撑腰，只要有了犯罪证据，赵藩一个都不放过；而那些蒙冤蹲了大狱的人，一个个都被他救了出来。至于平民百姓之间那些琐碎之争，他总是耐心劝解，让双方握手言和。一时间，酉阳百姓纷纷称赵藩为“赵青天”“赵婆婆”。

1895 年，冰雹袭击川东，受灾地区不小。紧接着，暴雨如注，洪水滔滔，酉阳城变成一片汪洋。土基进水，哪有不软的道理？居民住房，一间接一间，一幢接一幢，倒的倒，垮的垮。百千平民不知所措，哭爹喊娘。赵藩一方面接二连三写折子，递奏本，请求朝廷、请求川督拨款赈灾；另一方面，他拿出自己的廉俸，分送到最困难的百姓手里，帮助他们渡过难关，恢复生产。“官味不辞黄连苦，乡心惟有白鸥知。”这就是赵藩当时在《小鸥波馆》诗中吐露的心里话。由于上下齐心抗灾救灾，酉阳城终于没出现百姓流离失所，逃荒要饭的悲惨景象。

1896年初，先是本来只在深山密林中活动的大老虎，竟然窜到酉阳城里，一次又一次咬伤咬死牲畜，闹得百姓们人心惶惶。街头巷尾都在议论：不要说牲畜，单人独手碰到老虎，也不是它的对手，何况手无缚鸡之力的老人、小孩！

作为地方官，赵藩和大家一样担心。他心急如焚，到了病急乱投医的地步。有人主张组织乡勇打虎队，把虎赶回山里，他依计而行；有人说老虎伤畜是因为百姓得罪了山神老爷，山神老爷派其部属来惩罚大家，只有求得山神老爷的谅解，老虎才会离去。不管赵藩相不相信这种说法,但他还是和他们一起设了祭坛,屈膝下跪,求山神保佑。

折腾了好些时日，老虎终于销声匿迹。谁曾料想，夏历二月四日，又有祝融来酉阳城发威。一场大火，烧毁了200余家居民的房产。为闹虎患，大家的春节本来就过得窝窝囊囊，笑容难见，如今一把火，更烧得儿啼女哭，满城呜咽。赵藩也感到束手无策，力不从心了。为此，他在内心里深深地责难自己：“束手真惭民父母，儿啼女哭一城中。”

唐朝著名诗人韦应物在苏州刺史任上，遇大旱，出现了饥荒，百姓纷纷往外乡逃亡。他在寄赠友人李元锡的诗里自责道："身多疾病思田里，邑有流亡愧俸钱。"韦应物也是清正廉洁、关怀民间疾苦的官吏，从韦应物到赵藩相隔一千年，但从他两诗中的一个"惭"字和一个"愧"字，可以看出他们尽管已经做出了很大努力，还为未能完全免除百姓的痛苦而自责，而内疚，在自己的官职、薪俸面前感到惭愧，而不是推诿责任，虽然他俩都是封建社会的地方官员，但他们这种严格要求自己的品格，在那个社会的官场里，是难能可贵的。无疑，"邑有流亡愧俸钱""束手真惭民父母"的精神，也值得今人学习。

当然，今日我国的各级领导干部，不能与封建时代的官吏相提并论，他们不论职位高低，都是人民的勤务员。他们的工资无论多寡，都应该无条件地全心全意为人民服务。我们很多领导干部已经这样要求自己，一心扑在工作上，哪里发生了严重的天灾人祸，他们就出现在哪里，不避艰险，把减轻百姓疾苦放在第一位。但毋庸讳言，也有少数领导干部，只热衷于官场上的应酬与逢迎，一掷千金万金，而对群众的疾苦漠不关心或者只把这种"关心"挂在嘴上，并不实行，出了成绩，归为自己的政绩。出了问题，不是怪别人，就是推到老天爷头上，这大概就是某些人随随便便就向新闻媒体发布"50 年不遇的灾害""100 年一遇的灾害"之类说辞的缘故吧。

在昆明市南屏步行街大柱上雕刻了赵藩“达人知止足”集句联（王鼎乾　摄）

面对严重火灾造成的损失，赵藩不仅自责了，而且他在想：这 200 余家人，家家都得有个遮风避雨的地方，否则，他们怎样抵挡春寒的侵袭？他们的衣物、粮食大都没能从火海中抢出来，但饭不能一天不吃，衣不能一日无着，何况为了来年生计，百姓们也该准备春播的种子等等事宜了。于是，赵藩一家一家走访，给他们出主意，为他们想办法，教他们投亲靠友，帮他们向未受灾的殷实之家借粮借钱，号召乡绅富商动怜悯之心，行仁善之举，捐钱送粮，为受灾户解燃眉之急。这是一种务实的精神，有了这种精神，困难总有办法克服，问题总会逐步解决。这是对百姓实实在在的体贴，能不让人感到温暖么？

四月，四川总督鹿文端把赵藩调到涪州监管官运总局。赵藩离开酉阳时，从州城到龚滩的 300 里路程，送行者绵延不绝。他们中有学子，有士绅，有他看望过的灾民，有经他之手平冤昭雪的平民，他们舍不得赵藩离开。赵藩在酉阳创造了几十年未出现的升平景象，《酉阳县志》记下了他的功绩和百姓对他的深情："勤政爱民，赵卸任离酉，士民送达龚滩。凡三日程，香花载道，老幼依依不舍"。

为国传承

先生们为国传承与担当，像庇护小鸡的老母鸡一样，以弱身御强世，对学生教之导之帮之扶之惜之爱之，提供学问坐标系和人格营养，示范风骨与风度，为后辈的成长赢得时间、空间和方向感。

——何树青《一百年来影响了中国的先生们》

光绪二十五年（1899），赵藩辞去川东土厘税总办官职，回到家乡剑川养亲尽孝，他们一家人从向湖村旧居搬进县城西门新房居住。

“二月八”节，本来是佛教信徒们纪念释迦牟尼出家修行的宗教节日。传说就是在二月初八这一天，释迦牟尼舍弃温柔的妻子，舍弃等待他继承的地位至尊的王位，舍弃华丽壮美的王宫和供他尽情享用的锦衣玉食，独自一人潜出皇城，踏上修行之路。

剑川的“二月八”节里也有这个意思。这一天，剑川坝子四乡八寨的佛教信徒云集县城，到西门外的报国寺迎请早就做好的纸扎释迦牟尼像。他们用八抬大轿抬上释迦牟尼像，隆重举行“太子游四门”活动。所谓“太子游四门”，就是纪念当年的皇太子释迦牟尼告别皇城。游行队伍由仪仗队开道，吹鼓手组成的乐队走在最前面，锣鼓喧天，而嘹亮的白族唢呐曲和低沉有力的藏族长号声别有风味。跟在后面的是五颜六色的彩旗队，然后就是端坐于八抬大轿中的释迦牟尼像。

最令人难以想象并让没观看过“太子游四门”的外地人惊讶不已的是，跟在释迦牟尼像后面的是一群刚到读书年龄的孩童。他们身着节日盛装，每人背一个大红绸子包袱，而包袱里装的竟都是官印。他们骑在马上，由父辈为他们牵着马走的那种阵势，活脱脱就是状元游街。殿后的是众多的佛教信徒，他们敲打着手中的木鱼、小锣，一路诵经。在妙香佛国剑川，家家信佛，户户烧香。“二月八”这天一早，城里人家都已经把门前或铺面前打扫得干干净净，点上高过三四尺的“高香”，恭候释迦牟尼驾临。释迦牟尼的游行队伍一到，家家放鞭炮欢迎，可见跟在释迦牟尼的后面游走的孩童沾了多大的光，多大的喜气。自然，“二月八”在剑川同时是“娃娃节”，“太子游四门”活动让孩子们参与进来，从中获得乐趣，似乎和庄严的佛事不协调。但在剑川人的眼里，没有比“读书做官”更崇高的事，他们让孩童跟在年轻的释迦牟尼后面，就是祈求释迦牟尼保佑他们的孩童在“读书做官”的人生道路上获得成功，这样的仪式难道不庄严吗？还在南诏大理国时期，白族的祖先就实行从佛教信徒中选拔官员的制度，通过这种制度选拔出来的官员有一种通称，叫“释儒”或“儒释”。从孩童参与“太子游四门”中，既可以看出儒家思想对剑川人的影响之深，但同时这也是白族沿袭千年文化的传统。

剑川土地瘠薄，气候寒冷，农作物收成不佳，于是形成了“出门”的风俗。就是说，有出息的剑川男人都外出谋生，以读书做官为荣，做不了官当个教书先生也好。吃不上文字饭，就去当木匠石匠，“丽江粑粑鹤庆酒，剑川木匠处处有。”赵联元、赵藩父子闲聊的第一个话题，就是人才培养。赵藩告诉父亲，在酉阳知州任上他大力提倡读书，并层层奏报，为酉阳一个州争得的每年科岁考可录取秀才名额已经达到 38 个。他接着问父亲：“我们剑川，哪几个读书人比较有培养前途？”

赵藩的弟弟赵荃已经高中光绪丁酉科（1897）举人，

赵联元一句都没谈到他，却兴奋地称道连续两次应乡试都落了榜的周钟岳读书刻苦，有才气，有志气。

“他是哪家的后生？”

“周之桢的弟弟周之炳最小一个孩子。”

赵藩一怔。父亲从他的表情立即意识到他已经联想起那场仇杀，刚想表明自己不想把上一辈的仇恨遗留给下一辈的态度，赵藩面部已经恢复了平静，父亲就没吭声，他要留给儿子思考的时间。

周家与赵家结仇，对于赵联元、赵藩父子，犹如昨日。

在发生于清咸丰、同治年间的云南回民起义中，剑川城成了起义军与清政府军反复争夺的县城之一。赵藩的家乡向湖村紧靠城南，不胜其扰，赵藩一家举家避难到巨甸。为挑起赡养祖辈父辈的担子，清咸丰五年（1855），年龄不满 15 岁的赵藩投入清军驻巨甸协副将张润麾下，司笔札。同治七年（1868）三月，为了从回民起义军手中夺回剑川城，赵藩领命回剑川，联络城内士绅何慎言和族叔赵敏堂等，准备与清军里应外合。五月端午，前来攻城的清军张润部与城内何慎言、赵敏堂带领的民团内外夹击，一口气把起义军赶出了县城。起义军以其人之道还治其人之身，于当年九月攻城前，派出将领马荣耀（据说是剑川北汉登人，白族，原名苏荣耀）潜入城中，策反城内守军周之桢、鲁国祥等。马荣耀一提起周家在县城受到的“排挤”，周之桢就感到心中的痛处被戳，转眼间变成了一头暴怒的狮子。他和鲁国祥都爽快地答应反戈，与起义军里应外合。起义军攻城时刻一到，周之桢、鲁国祥等烧掉祖宗牌，头上裹白布，举起回民起义军的白色军旗，打开城门迎接攻城部队。城内清军很少，守城主要依靠何慎言、赵敏堂和赵藩的父亲赵联元这些民团，势单力薄。城门一开，起义军潮水般涌来，守城军迅即瓦解。起义军再次占领县城，何慎言、赵敏堂皆全家被杀，赵联元跳城墙出逃，跌断了两颗牙齿，再次到巨甸避难。尽管周之桢、鲁国祥在起义军失势之后又反戈，回到了清军，但周家与赵家因这场战争结下了冤仇。

周钟岳，光绪二年（1876）出生，那已经是杜文秀回民起义失败后的第三个年头。他的祖父名延庆，在县城开铺子，经营鹤庆特产火腿、干酒、白棉纸之类各种土杂。周延庆育有两个儿子，与赵家结了仇的周之桢是老大。延庆深受剑川人读书风气濡染，加之周家几代做生意，都十分辛苦，还是看不到出头之日，也就仰慕起读书做官的人家来。但老大只爱舞枪弄棒，长大后又处在杜文秀起义军政权的滇西与清政府将近 20 年的较量之中，他也就一直在行伍里混，周延庆就把读书做官的希望寄托于老二周之炳。之炳读书很用心，喜诗文，工书法，可是考上秀才之后，兵荒马乱闹得他家的生意一败涂地，家里再没能力供他继续读书，战火硝烟里也安不下平静的书桌，他不得不辍学，又走上先辈经商的老路。之炳娶妻罗氏，生了 4 个儿女。除了女儿顺宜，其他 3 个都是儿子。老大龙毓、老二堃毓早故，周钟岳原名周钟毓，是之炳膝下最小的孩子。

周之炳也曾供大儿子龙毓读书，但小儿子周钟岳才 3 岁，妻子就病亡，把养育 4 个孩子的重担撂给了他。父亲已老，大哥在军队里自身难保，周之炳无奈地又让已经考上秀才的大儿子龙毓放下书本，帮自己打理生意。

光绪十一年（1885）的“二月八”，给了周之炳很大的刺激。

“太子”浩浩荡荡的队伍即将游到周之炳的店铺门前，周家大儿子龙毓也点燃长串鞭炮，噼噼啪啪迎了上去，弟弟钟岳兴奋地跟在后面，去地上拣那些没引燃的鞭炮，过后自己去过炸鞭炮瘾。

坐在铺子里的周之炳先也感到喜气，但释迦牟尼轿子后面的孩童群，使周之炳一时间懊恼得不得了。眼前的小儿——自己对他寄予那么多希望的人，自己为什么没把他送上过一次“二月八”的马？钟岳今年已经 10 岁，早已过了该请老师教他读书的年龄，明年“二月八”再送他上马，那只会被众人笑话了，真是愧对孩子！是的，自己已经好几年没在家和孩子们过“二月八”，是为生意在外面东奔西走。但如果孩子们的妈妈还在，她绝不会允许让他们受这样大的委屈，实在是愧对她的在天之灵！父亲也不提醒，大概是看到儿子为一家人的衣食忙得脚跟不着地，不好再说什么，但他也一样对钟岳抱很大的希望哪，实在是愧对他老人家！自己也是做生意的人，可到哪里买得到后悔药！

周之炳横下一条心，再难再苦，也必须马上送钟岳就学，不能再耽误他一天！从此，周钟岳受学于县城岁贡生段从先，读《易经》《四书集注》《朱子小学集解》。

周钟岳原本悟性很高，何况知道读书的机会得来不易，恨不得把先生的每一句话都装进脑子里，恨不得把每一本读过的书都融进自己的血液。每天进了段先生家，就舍不得出来。回到家里，吃过晚饭，天黑后家里人连香油灯都舍不得点，周钟岳就在灶台上烧明子照亮读书。明子是松树枝干上含松脂最多的部分，周钟岳和小伙伴们去山上砍柴，就可以砍回明子，不算困难。作为一个自从来到这个世界上就只学过白族话的孩子，段先生对周钟岳从学习汉语文到接受各种文化知识的能力暗暗称奇，周钟岳才跟他读了一年书，他就开始教周钟岳作格律诗了。可惜周钟岳从学于好导师段从先不满3年，段先生病故，周钟岳只能走上自学之路。

赵藩家族，从赵藩的祖父、父亲到他本人，一代又一代，都心系教育。还在清咸丰初年，赵藩的祖父赵琦经营乔后盐井有了些收益，他就向家乡金华书院捐款，在清道光二年（1822），署剑川知州刘铭勋重修金华书院的基础上，增建馆舍。可惜新落成馆舍才投入使用没几年，咸丰十年（1860）杜文秀回民起义军与清政府军争夺剑川县城的战火又一次把整座金华书院变为废墟。过了12年，金华书院在城中报国寺恢复办学，但这毕竟是权宜之计。波及整个云南的这场长达18年的战争结束后的第三年（1876），剑川知州徐济倡议将金华书院迁回旧址，而这就需要在旧址重建。赵藩的父亲赵联元积极参与了重建事宜。光绪八年（1882），赵藩获得第一份有薪水的工作才一年。这份工作是易门县训导，官俸很低，按前清罗养儒《往昔云南秀才之出路与生活》所记，仅“够吃豆腐而已”。1880年赵藩参加会试之后在京城大病一场，第二年在昆明又病一场，接着是自己的第一个孩儿佛保出生，除了日常吃穿用度，这每一项花费都不少。赵藩已经债台高筑,但从父亲的来信中得知剑川知州书春扩修金华书院，他于1882年秋第四次进京赶考的路上，从盘缠中挤出资金，在长沙购买了一大批经典书籍，寄赠金华书院。1884年正月过完，金华书院扩修工程就要举行竣工典礼，恰好赵藩赠书也已经寄到书院，赵联元兴致勃勃地把这批书和何仗云捐来的书进行分类，并编写出《剑川金华书院藏书目录》，凡经、史、子、集共计360余种6200余册。在这本目录中，赵联元还列出了借阅章程和守则。

“我想见见这个孩子。”

一刹那间，赵藩就和父亲达成了默契，达成了无形中的共识。“得天下英才而教育之,其快乐胜于称王天下！”这是赵联元不止一次对赵藩说过的话。赵藩知道，孟子的话变成了父亲的心里话，这是父亲的为国传承与担当。以此为出发点，还会有越不过去的私仇情感障碍吗？以此为出发点，才可能获得正确的取向。英国有一位思想家就说过：“不要想到报仇，因为容易影响判断力。”赵藩钦佩父亲不计家仇推介周钟岳的胸怀，也赞同父亲的理念。赵藩表示要见周钟岳,父亲高兴得立即让人给周家传话去了。

赵藩向湖村故居

还在周钟岳入读金华书院那一天，在大门口看到赵藩为书院题写的门联“金玉其躬，得门而入；华藻之笔，载道乃尊”，能跨入里面读书的幸福感、荣誉感与将来要靠手中笔指点江山的使命感一起涌上心头，都要把他撞晕了。往里走，过厅抱柱联和顶头的匾额，正厅厅堂联及厅堂名字匾“谟觞仙馆”，全是赵藩题写。大哥讲过，赵藩虽在外做官，还专门作了副楹联激励家乡后学。

想到这一切，周钟岳对赵藩佩服得五体投地。然而，周钟岳与赵藩不是同辈，也非亲非故，如果因为佩服而去拜访并不熟识的长辈，岂非唐突？何况因为自家大伯的反水才直接导致赵家那么多口人被杀，赵家对周家的怨恨不言自明，作为周家的后辈，对赵家的人避之唯恐不及，周钟岳没敢想象过当面向赵藩求教的美事。眼下赵藩为什么要见他，他也想不明白。但不管如何，赵先生召见，是肯定得去的。何况既能得到自己这么敬仰的前辈当面赐教的机会，又岂能放过。于是，周钟岳随大哥回家做面见赵藩的准备去了。

周钟岳来到赵藩面前，先磕了头，尊称赵藩老师，当即被赵藩拉起来："起来，起来，坐下说话。"

周钟岳带来了用正楷抄誊成两本的诗作《守约斋诗稿》，请赵藩指教。看到赵先生这么随和，周钟岳临时改变了主意。他想，诗集赵先生一时半会儿看不完，不如先让他看今日的即兴新作，也好当面请他指教。于是，周钟岳当即呈上自己的一首即兴新作。

赵藩阅毕，提笔批上"斐然有章，虚心求益，致足嘉也"12个字，并指出哪些用词还可斟酌修改，然后当即口占一首，作为酬和：

洵挺芳兰百草中，荷衣入塾识经童。
即今流辈谁孤谊，自古斯文有代雄。
嘴爪矜君黄鹞子，头颅感我白凫翁。
老衰幼慧匆匆子，造极名山早策筇。

对于赵藩，这样的酬和，可能出自诗人的激情。而对于周钟岳，他深深感到这是赵先生抬举后辈，抬举自己，既把自己当学生，也把自己当诗友，他感动得不得了，也兴奋得不得了，虽然对赵藩的抬举心里惶恐，嘴里的话却越来越多。赵藩的兴致同样越来越浓，取出《剑湖渔隐图》，让周钟岳题诗。

周钟岳也没了顾忌，提起笔来，在赵藩随时铺就的鹤庆白棉纸上一口气写出4首诗来。

周钟岳诗中的“天南文献关心大，不是穷愁始著书”句得到赵藩的特别赏识。这也许是道出了赵联元、赵藩父子搜集云南文献的夙愿和爱好，也许是从中意识到周钟岳的志趣与他们父子相同，总之赵藩对周钟岳写的4首诗逐一做了点评，并进一步引导说：“作诗以读书、养气、积理、练事为本。”

“读书、养气、积理、练事”8个字，把朱庭珍诗论《筱园诗话》的诗法精要概括出来了。朱庭珍比赵藩大10岁，云南石屏人，号筱园，其《筱园诗话》从1864年至1877年三易其稿而成，相当有影响。关于“读书”，《筱园诗话》说：“沧浪主妙悟，谓‘诗有别材，非关学也；诗有别趣，非关理也。然非多读书，多穷理，则不能极其致’。是言诗中有天籁，仍本人力，未尝教人废学也。竹垞谓‘必储万卷于胸，始足以供驱使’。”何况周钟岳，一个白族子弟，使用汉语言写诗，遣词、造句、用韵，与自幼学的是白族话大有区别，读书自须比汉人更努力。《筱园诗话》又说：“诗人以培根柢为第一义，根柢之学，首重积理养气。”所谓“积理”，“非如宋人以理语入诗也，谓读书涉世，每遇事物，无不求洞析所以然之理，以增长识力耳”。当诗人对所阅历的世故人情、物理事变，都能洞鉴其所当然之故，与所读书之书义，冰释乳合，交契会悟，约万殊而豁然贯通，“则耳目所及，一游一玩，皆理境也。积蓄融化，洋溢胸中，作诗之际，触类引伸，滔滔涌赴，本湛深之名理，结奇异之精思，发为高论，铸为伟词，自然迥不犹人矣”。“诗以气为主，有气则生，无气则死，亦与人同”。“气”有动、静之分，须以静济动，方为“真气”，而非“客气”，所以“非养不可”。怎么养？要“齐吾心，息吾虑，游之于道德之途，润之以诗书之泽，植之以性情之天，培之以理趣之府，悠游而休息焉，酝酿而含蓄焉，使方寸中怡然焕然，常有郁勃欲吐畅不可遏之势”。赵藩所谓“练事”，亦即《筱园诗话》说的“用典使事”。朱庭珍说：“严沧浪谓用典使事之妙，如镜中之花，水中之月，可以神会，不可言传。”就像把盐放进水中，品得出它的味道，看不见它的形状。用典的方法，在于“融化剪裁，运古语如己出，毫无费力之痕”，所以只有把“事”“练”到完全摆脱了古人的束缚，“死事则用之使活，熟事则用之使生，渲染则波浪叠翻，熔铸则炉锤在握。驱之以笔力，驭之以才情，行之以气韵，俾自在流出，如鬼斧神工，不可思议，而一归于天然，斯大方家手笔也”。

赵藩不是以一家之言引导学生，他是要周钟岳把学诗的出发点定在“厚蓄根柢”之上。事实上，赵藩自己作诗，融百家之长，他也不希望他的学生掉进一门一派的桎梏。他在四川为官，当得知来看望他的晚辈王俊卿要回家乡，赵藩把清代江苏潘德舆的《养一斋诗话》工工整整抄誊一遍，让王俊卿带回剑川，供学子们揣摩学习。一百多年过去了，赵藩手抄《养一斋诗话》不但没失传，而且变成复印件，传到许许多多人手里。一代又一代，珍视赵藩的良苦用心、珍视赵藩的书法作品、珍视学习机会的人越来越多。知名诗人赵式铭、周钟岳、赵宗瀚、李根源等，得到赵藩亲手栽培。剑川民间至今自己写对联的风气很浓，著名作家李准在剑川观看了老百姓家家门上贴的自写门联，称赞不已，说这样的景象，他走遍全国都没见过。这种风气的形成，与“滇人善联”的代表赵藩的出现，与《介庵楹句辑抄》《介庵楹句续编》《介庵楹句正续合抄》的流行和传承，难道没有关系？当然不是。像周钟岳那样一到夜晚就只能靠松枝照明而孜孜不倦地学习汉文化的人，过去在剑川多了去了。

这一次与赵藩的见面，对于周钟岳犹如醍醐灌顶。回去后，周钟岳把去年追忆父容摹绘的遗像请擅长绘画的段味斋配上景，又送来给赵藩题字。赵藩高兴地在画上题了“桐屋课经图”5字，字与画相得益彰，让周钟岳感到赵藩真是心胸开阔似海洋，对周钟岳父子情真意切。此时的周钟岳已经不仅把赵藩当成诗学良师，而且是自己立身做人的榜样。周钟岳在心里暗下决心，要奉赵藩为宗师。

翌年春，周钟岳要去大理西云书院深造。他向老师辞行时，赵藩赠以“践履笃实，志趣远大”8个字。这是赵家为学立身的传家宝，赵藩把它不分内外地传给了周钟岳。周钟岳相当激动，他觉得这 8 个字让他从迷茫中醒悟过来，看清了自己的人生道路。他过去取字生甫，期望此生充满活力；现在又取号惺甫，又号惺庵，一个“惺”，就取其醒悟之意。到了晚年，周钟岳还不止一次地说，赵藩的 8 字赠言，他“终身佩之不敢忘”。

清光绪二十六年（1900）秋，周钟岳从大理来到昆明参加乡试。由于八国联军占领京城，慈禧太后和光绪皇帝都远逃西安了，朝廷只好宣布当年乡试取消。当时赵藩应云贵总督丁振铎、藩台李仲山之邀，正在昆明办团练。看到周钟岳一心想继续读书而又无经济依靠的尴尬，说：“你就留在我身边当文书吧，边工作边读书，以待来年再考。”周钟岳得到赵藩照应，既能继续读书，衣食也不用再发愁，还能随时就教于老师，自然心存感激，做什么事都特别卖劲。

慈禧太后和光绪皇帝落脚西安，护驾有功的岑春煊也给老师发来电报，建议他到西安勤王。赵藩去向云贵总督丁振铎请假，当时两宫下旨全国文武官员一起勤王，丁振铎眼前不禁一亮：赵藩不就是既可靠又合适的护贡人选吗？说可靠，丁振铎本来就信任赵藩的为人和能力；说合适，丁振铎有自己的小九九——他知道赵藩和岑春煊的师生关系，由赵藩护贡，时下两宫面前的大红人岑春煊替自己向两宫进献贡品，那分量大不一样。于是，赵藩决定腊月初八从昆明启程去西安。周钟岳留在昆明也无依无靠，赵藩又把他带走。

然而，师生俩走到成都，赵藩深深感到，天天这样晓行夜宿，对周钟岳读书耽误太大。他只好把周钟岳暂留于成都，托付给罗济川。罗济川家有书馆，藏书甚多，周钟岳纵目观览，学业日进，这是后话。

1902年春，周钟岳咯血，赵藩请来成都名医为其诊治。医生告诉赵藩，周钟岳病情不轻，赵藩忧心如焚。他心里清楚，周钟岳体内有病是一方面，但更主要的是，周钟岳读书过于刻苦，过于劳神，体质虚弱。除了天天为徒弟买药熬药，送到床头，并炖鸡、做鲜肉汁等补养周钟岳的身子外，赵藩给周钟岳买来琴，强令周钟岳放下书本，每天弹琴，让他得以静心养病，陶冶性情。他劝周钟岳，读书这条仕途，不可毕于一日之功，要以豁达的心胸对待它。读书首要的目的是提高自己的素养，把自己造就成有用的人，有志向的人。周钟岳得到老师的精心护理和耐心开导，心情一日好于一日，病情迅速好转。周钟岳在许多年后写的《周惺庵三十六岁以前之回忆录》中说到这段日子，还很动情："介庵调护至周，视如至亲。"

周钟岳拜赵藩为师之前，已经两次参加乡试，都未中举。而1903年云南乡试，剑川学子一次就有4人中举，而且头名由周钟岳高中，榜尾也被剑川学子张鸿举夺去。按朝廷当时规定，各省中举的人中，头、尾二名必须参加会试，叫作“背榜”进京，往返费用全部由公家负责。这种突变与赵藩有关系吗？有，而且关系太大了！首先，赵藩历来抱定“读书经世是平生”的观念，在他看来，读书的目的是要把自己培养成能为国家做事的人才，所以要学习对社会有用的知识。正因为这一点，在科举考试只看谁的八股文背得好的年代，赵藩自己参加京城会试也一次次落选；但他走进社会，不管是为人幕僚还是出任官吏，工作都干得很出色。因为朝廷实行新政，1903 年云南乡试不再考八股文，改出议论题，要求考生提出解决时政经济问题的对策，照常死记硬背八股文的考生就手足无措了，而剑川学子由于受赵藩注重“经世”的影响，加之他辞职在家期间大力倡导新学，常常和学子们探讨国是，探讨新政。1903 年云南乡试改革，剑川学子可谓占了风气之先，得了学风之利。乡试发榜后，周钟岳立即致电，感谢赵藩栽培之恩。

考取头名举人，周钟岳在谢师之后，还要告慰父母的英灵，告慰祖先，他回剑川扫墓去了。直到冬月二十三日，他才回到省城昆明，准备北上应朝廷会试。赵藩已有电报先到昆明，嘱咐周钟岳取道四川。光绪三十年（1904）正月初八周钟岳到达泸州滇黔官运局，赵藩已去成都开办成都盐局。老师既然嘱咐取道四川，肯定有重要的话要交代，周钟岳静静地等待老师归来。

赵藩回泸州见到周钟岳，郑重地对周钟岳说：“我之所以要叫你取道四川，和你见面，就是要告诉你，万一名不上榜，就到东洋留学。你要明白，老路走不通了，必须另寻新路！”赵藩把中华复兴的希望寄托于学子们的视线转向日本的明治维新，转向西方进步思想。

周钟岳离开泸州北上，在路上又开始生病。到汉口，他不得不停下来，养了 5 天病。正月二十二日到达开封，试期已经迫近。周钟岳带病进考场，发挥极不理想，当年未中进士。赵藩迅即向云南省当局推荐，由省学务处派周钟岳赴日本留学。

1905 年 10 月，周钟岳从日本弘文学院师范专科毕业。其他一起从云南来师范留学的同学都表示要回国了，周钟岳为了不辜负赵藩老师“另寻新路”的期盼，打算再到早稻田大学攻读哲学。赵藩回信说，他不仅赞同周钟岳攻读哲学，而且希望他在早稻田大学读完哲学专业后，再进庆应大学攻读政治学和经济学。他语重心长地说：“经世之学，不可不读。”

1907 年 3 月，云南当局要求周钟岳回省办学。周钟岳从日本回到上海后，特意沿水路到四川万县，再转陆路到成都看望当时又出任四川省臬台的恩师赵藩。清政府派遣学生留学日本，目的在于培养效忠于自己的奴仆。然而，与清政府的愿望相反，受到西方资产阶级社会、政治学说熏陶之后，留学生中不少人走上了叛逆清王朝的道路，周钟岳就是其中之一。1906 年 1 月，孙中山和黄兴在东京约见云南留学生杨振鸿、吕志伊、李根源、赵伸、罗佩金等，建议他们创办革命刊物。4月，云南同盟会创办的《云南》杂志社在东京成立，周钟岳和吴琨被聘为总编辑，但后者未到任，周钟岳一人挑起了总编辑的担子。周钟岳在《云南》杂志上发表了一批宣传同盟会革命思想的文章，如《滇越铁路赎回之时机及其办法》，宣传反对帝国主义经济侵略，主张扶持民族经济。他编著的《法占安南始末》，用事实揭露了帝国主义侵吞世界的嘴脸。他还和同盟会云南支部张耀曾、席聘臣等合办《新驿界》，向国人传播新思想。周钟岳给赵藩带来了西方资产阶级的革命思想，带来中国同盟会的革命思想，赵藩很高兴，很兴奋，久久舍不得让他回云南。

赵藩一直挂心的另一件事，是周钟岳的婚事。周钟岳丧偶多年，而他本人只知读书做事，不会操心自己的事。赵藩之妾河阳君深知赵藩心事，一直留心为周钟岳续弦。宣统元年（1909）初，终于聘定顾承恩之次女，并操办好婚礼一应物品，才通知周钟岳到泸州完婚。春二月，周钟岳得以与顾氏女合卺成礼，对赵藩夫妇感激涕零，视如父母。

何树青在《一百年来影响了中国的先生们》的文章中说过："先生们为国传承与担当，像庇护小鸡的老母鸡一样，以弱身御强世，对学生教之导之帮之扶之惜之爱之，提供学问坐标系和人格营养，示范风骨与风度，为后辈的成长赢得时间、空间和方向感。”在以家族为基础的社会，家族与家族之间的力量对比对于一个家族成员在一个地方的生存、发展以至整个家族的兴衰关系极大。赵联元、赵藩父子视仇家后代周钟岳如己出，对其教之导之帮之扶之惜之爱之，为中华民族文化的传承、为国家培养栋梁之材，在那个时代，在家乡所承受的巨大社会压力，是不难想象的。他们的这种行为同时为周钟岳提供了做人的典范。在周钟岳的就学阶段，赵藩两次引导他调整做学问的坐标系。第一次是在科举之路上让他放弃死记硬背八股文，转而向着“经世之才”“博通才”的方向培养他，从而让周钟岳跟上了当时的新学、新政潮流。第二次更关键，当时的赵藩，已经意识到朝廷推行的新学、新政，已经改变不了国家的命运，挽救不了清政府的没落，他明确告诉周钟岳“老路已经走不通了”，不仅为周钟岳安排了留学日本的求学新路，而且在周钟岳于日本修完师范专业后要他继续学习哲学、经济学、政治学，为国家的前途寻找新路。这样，赵藩不仅为周钟岳拓开了国际视野，把周钟岳引领到了时代潮流的前沿，也为中国推翻延续了几千年的封建制度准备了人才。

赵藩一手栽培出来的周钟岳，在辛亥革命中先后出任云南都督府军政部参议及参议院参议、登庸局长、都督府秘书长、滇中观察使，编纂出《云南光复纪要》，追随蔡锷进京任全国经界局秘书长，在护国运动中出任四川督军署秘书长，在护法运动中出任靖国联军总司令部秘书长、云南省省长。周钟岳在他的后半生担任过中华民国政府内政部长、国民政府委员兼考试院副院长、总统府资政，为中国的抗战胜利，为在国民党白色恐怖“九九整肃”中成功营救共产党员和民主进步人士，为云南和平解放做出了特殊的贡献，于79岁高龄被选为全国政协委员。周钟岳主持编纂《新纂云南通志》和《续云南通志长编》，为中华民族的文化事业，为云南的历史学做出了不可磨灭的贡献。作为赵藩个人，也不枉培养仇家后代一场。他在世时，周钟岳一直视其为恩师。当唐继尧从顾品珍手中夺回滇省大权，在省府顾品珍办公室看见挂着赵藩写的条幅，放出要杀赵藩的狠话的时候，周钟岳义无反顾，从大理星夜不停地赶赴昆明为赵藩救驾。赵藩离开人世，周钟岳亲自主持操办了他的后事。

赵藩在书法和诗歌创作方面对周钟岳的影响也很大。周钟岳的字“笔力雄健，端楷庄正”，“骨力深稳，体兼众妙”成就了名扬全国的书法家，国民政府南京总统府门头的“总统府”3个大字、云南省政府复兴楼上的“复兴楼”3个字、石林风景区门面大石上的“石林”2个大字都是周钟岳的书法。他的诗歌把“今天下诗人难作之诗，与天下诗人当作之诗，一一荟萃于笔端”，给后人留下了宝贵的诗歌遗产《惺庵诗稿》。

光绪二十五年（1899）赵藩回剑川养亲那段时间，得到他的栽培的，不止周钟岳一人。赵式铭已经20多岁，乡试只中了个副榜，家里穷得靠他在小山村教书养家糊口，当赵藩得知赵式铭喜爱苏体而苦于找不到可供研习的字帖，立即将家藏的《观海堂苏帖》取出来送他。赵藩从交谈中感到赵式铭很有才学，还特地送他《居易轩诗文》1部、《向湖村舍诗》3册、毛笔5支、墨5条，赵式铭后来成为赵藩最有成就的弟子之一。在我国资产阶级民主革命发端时期，他就在边远的丽江创办了云南第一张白话报——《丽江白话报》，继后又创办了《永昌白话报》，与康有为、梁启超们的维新运动遥相呼应，探索救国救民之道。1911年四川新总督赵尔丰及其党羽余大鸿要求当时主持《成都日报》工作的赵式铭在报上给四川立宪派领袖蒲殿俊等罗织罪名，以便他们公开镇压立宪派，遭到了赵式铭严词拒绝，并把报纸编纂的乌纱还给了清政府。这样的眼光，这样的胸怀，这样的气节，多么像他的老师赵藩呵！

在辛亥革命中，经老师赵藩举荐，赵式铭受聘云南省都督府编修，成了蔡锷最为得力的文书，同时配合周钟岳编纂了《云南光复纪要》；他参加了我国著名的革命文学团体“南社”，后来成长为颇有名气的抗日诗人；他出任云南通志馆馆长，配合周钟岳编纂《新纂云南通志》，对云南历史文化事业的贡献有目共睹。

李根源是中国近现代史上的杰出人物，早年追随孙中山，在日本参加同盟会；在云南出任陆军讲武堂监督、总办，为“重九起义”准备了大批军事人才；在云南辛亥革命、护国战争和护法运动中，都担任主要的军事领导职务，1922年出任国民政府航空督办、农商总长兼署国务总理；抗日战争期间被国民政府委任为云贵监察使，于花甲之年挺身抗战第一线，极大地鼓舞了西南地区人民的斗争精神；新中国成立后出任西南军政委员会委员、全国政协委员。除了军事、政治方面对中国革命的贡献，李根源的著述，尤其是对云南文献的搜集整理，贡献卓著。李根源于1910年赵藩自我罢去清政府官员从四川回家乡经昆明时正式拜赵藩为师，在李根源的政治尤其是文化贡献里，饱含着赵藩的心血。当年云南同盟会成员在日本创办《云南》杂志，李根源任经理，赵藩远在四川为其筹措经费；辛亥革命中，以蔡锷为首的云南省军都督署特派李根源去处理“西事”，即腾冲问题，李根源按照蔡锷和父亲李大茂尊重赵藩意见的嘱咐（赵藩被省都督署任命为迤西巡按使），随时请教，然后施行，使问题得以迅速解决，维护了云南统一、安定的革命局面。李根源在《雪生年谱》中回顾说：在他处理“西事”的过程中，“举凡政务及兴革建置事宜，必咨禀樾村师，行之。故政令所颁，悉协人心。至今事过十七载，父老子弟尤思余不置者，皆吾父吾师教也”。

赵藩、李根源师徒为处理“西事”朝夕相处将近11

个月，其间除了政治、军事智慧的交流外，他们还在文化方面进行了比较充分的沟通，一起做了许多事。主要包括他们一路相互切磋留下的大量题刻、诗词、楹联、墓志铭，其中为资产阶级民主革命先驱杨振鸿写的墓志铭流传甚广；二人在腾冲共建明贤崇报祠和五公祠，崇祀沐英、王骥、李定国、蒋宗汉、徐联魁、刘光焕、李珍国、李国纶等明清两代守卫边防有功之臣；二人合作编印了《鸡足山志补》。

1918 年 2 月，李根源到广州任护法军政府驻粤滇军总司令，半年后赵藩也赴广州作为护法军政府 7 总裁之一唐继尧的代表出任交通部长，李根源亲自带船到香港迎接老师赵藩，把交通部公廨安排在滇军司令部驻地，按李根源的话说，是便于“早晚承训”于老师。1920 年赵藩即将离开广州回昆明，李根源写的《业师樾村先生命题东华早春园》诗中说：“草木荣枯本自然，栽培使得气之先。花开莫便随春去，却为耆儒介大年。”诗中认为在受赵藩栽培的这些花木中，自己很荣幸能成为得风气之先者。尽管老师年事已高，他希望老师长寿，让自己能够得到更多的教益。

1927 年“二六政变”发生，昆明一片混乱，同乡学子鲁元因民治学院停办陷入困境而投书求见赵藩。赵藩当时已经病得很重，但他还是把鲁元留在家中，授予经史，并对其提出了殷切期望。后来，鲁元成长为国民政府陆军五十八军中将军长，在抗日战争中立下了赫赫战功。

方树梅因酷爱地方文献搜集整理而投奔赵藩，追随赵藩，成长为云南大学教授、著名文献学家。

赵藩倡导新学的社会贡献，主要还不是表现在亲手栽培出了一批弟子，他是一个身体力行办新学的践行者。

1902年岑春煊任四川总督，他期盼当时正在四川做官的恩师赵藩能像帮助父亲治理云南那样，帮助自己治理四川。岑春煊先任命赵藩为四川盐茶使，不久又让他兼任滇黔官运局总管，随后再任命他为按察使。赵藩一一接受，只是向岑春煊这位总督申明，不管干几份活，担几份责，他只接受一份薪金。盐茶使和滇黔官运局总管管盐政，管税收，朝廷和省府用钱都靠他；按察使管司法，直接关系到社会秩序能否从乱走向治，赵藩的担子够重的了，但当岑春煊提出还要赵藩负责起在四川办新学的工作，赵藩二话没说，当即应承下来。

赵藩出任四川省学务总监的第一件事，就是筹办师范学堂。为了办好师范学堂，他于1903年初把弟子周钟岳从沙市济楚盐局调到师范学堂任教，讲授中国地理和学校管理法两门新学课程，同时担任他的助手。四川省师范学堂被赵藩一次就办出了规模，招收学生达300名。这就是如今的四川大学的前身。为了有计划地培训新军干部，赵藩又在成都开办了武备学堂；同时，他还开办了警务和工业等新政学堂，新学之风气在四川迅速形成。岑春煊在四川总督任上仅仅半年多，就升任两广总督。而赵藩却因到武侯祠悬挂“攻心联”得罪了岑春煊，被贬泸州滇黔官运局。但是，1905 年改署永宁道，赵藩手中有了办学权，他又马上把已经垮掉的永宁师范学校重新办起来，并在学校里立了德教碑。

1907 年丽江中学扩建筹资，和恂给赵藩写信。赵藩不仅带头捐款 50 两白银，而且动员在四川工作的家乡人都捐款，给了丽江中学很大支持。

赵藩在酉阳任直隶州知州，在给两个书院捐书的同时，他还倡建了图书室，并给图书室和书院都题了联。其中，给龙翔经院的题联为：

崛起信才难，必有师焉，庶几龙跃云翔，虎腾风啸；

空谈防学弊，游于门者，要贵通经致用，鉴古知今。

赵藩重视教育和反空谈，贵致用的教学思想，可谓一以贯之。

赵藩 1912 年在腾冲为和顺两等小学堂题写的对联，提出“合德、智、体而并育”，是先进的新教育思想。到了 1940 年，和顺华侨集资兴办益群中学，又把赵藩这副对联悬挂到中学校门口，并把其中“合德、智、体而并育”这一新教育思想写进了益群中学的校歌：“我们的德、智、体、美在优穆中养成，我们的前程在光明中照耀。”

1919 年春，一个从数千里之外的云南剑川来到广州的年轻人张伯简来见当时正在广州护法军政府任交通部长的赵藩，表示要在广州这个护法大本营投身共和大业。赵藩帮助张伯简在驻粤滇军医院谋得一军需职位，让张伯简站住了脚。从交谈中，张伯简感到赵藩这位乡亲前辈，虽然位居高官，但不仅诚心提携后学，而且十分平易近人，有什么想法都愿意与他交流。张伯简对武人横行的种种怪相难以理解，去找赵藩讨教，赵藩拿出刚写好的一首诗给他看：

长江南北岭西东，日日登楼怅望中。
兵哄也应三日鲜，民忧只觉万方同。

读到这里，张伯简惊闻：“您也觉得这武人横行给百姓带来的只有苦难？”

赵藩真诚地说：“武人这样打下去，中国是没有希望的。我老了，病魔缠身，打算告老还乡，你还年轻，应该另寻新路。”这是赵藩在清朝末年建议当时的年轻人周钟岳为国家的前途和命运“另寻新路”26年之后，又建议一个年轻人为国家的前途和命运“另寻新路”。

著名作家柳青说过：“人生的道路是漫长的，但紧要处只有几步。”

上一次，周钟岳在赵藩的点拨和帮助下留学日本，结果成长为辛亥革命和护国运动的中坚；这一次，张伯简又在赵藩的点拨和鼓励下，于当年冬启程，留学法国。张伯简在法国勤工俭学期间加入德国共产党，后转为中国共产党党员。1922年旅欧少年共产党在巴黎成立，赵世炎被选为中央执行委员会书记，周恩来和张伯简分别任宣传和组织委员。1924年回国后，他全身心投入中国共产党领导的革命工作，并担任党内各种重要领导职务，他编写的《社会进化简史》从20世纪20年代到40年代，一直被中国共产党作为宣传马克思主义理论的通俗读物。只可惜张伯简于震惊中外的“五卅运动”领导工作中操劳过度，英年早逝。周钟岳和张伯简的经历表明，“如果你师范的人有大海的渊博、大海的襟怀，那你这一生确实可以‘面朝大海，春暖花开’了”。

赵藩长子夭折，宗瀚是次子，早晚得父亲教诲，辛亥革命中担任云南督军公署秘书，护法运动中跟随父亲到

赵藩和同时代名流在昆明翠湖成立了“集萃轩”诗社。此为翠湖公园湖心亭（王鼎乾　摄）

广州护法军政府任交通部路政司司长，回云南工作15年间先后出任云南省政府秘书长、滇黔绥靖公署少将秘书长、昆明行营中将秘书长等，成功营救了共产党人杨尚志、张子斋等。当代历史学家谢本书在他的著作《龙云传》中称赞赵宗瀚和缪嘉铭、龚自知、周钟岳等是龙云所依靠的“智囊”，“这些人在政治上、经济上、文化上起着重要的决策作用”。在父亲的熏陶下，赵宗瀚在广州护法军政府工作期间已经加入革命文学团体“南社”，诗歌创作颇有成就，我国著名学者章士钊曾以“结识人间赵景仁”的诗句描绘与赵宗瀚的诗谊。其书法与父亲神似，龙云题昆明圆通山“远瞩高瞻”4个大字乃赵宗瀚书写。

审 势

毛主席十分欣赏的那副长联："能攻心则反侧自消，从古知兵非好战；不审势即宽严皆误，后来治蜀要深思。"确实写得很得体，既表现了武侯的思想，也说出撰联大臣的见识，在祠堂对联中，可算得是写得最好的。

——汪曾祺《四川杂忆》

谢被捕的英勇表现，使当时四川的臬台赵藩，深受感动，他为救谢不果，竟至辞官不做，足见清朝官府中的个别开明人士也已经感到革命潮流是不可阻遏的了。

——辛亥革命老人　吴玉章

“攻心联”谏言治蜀之道

八国联军强加于中国的《辛丑条约》，使帝国主义从政治、经济、军事等各方面大大加强了对中国的统治权，而清政府则沦为他们统治中国、剥削人民的工具。仅庚子赔款一项，四川从1902年起，每年要摊派所谓新案赔款220万两，把四川的“新捐输”和原有“捐输”“津贴”等项加起来，新摊派捐税比“正额”捐税多出10倍。《民报》“天讨专号”刊登的《四川革命书》讥讽四川总督奎俊，“见农民入城担粪，即抽粪税，每担取数文，每厕月交数百文。税至于粪，真无微不至”。办婚事要收“定税”，娼妓要交“花捐”，四川人已经是无物不捐，无物不税了。加之天旱水涝，逼得工徒失业，农商受亏，生计艰难，疮痍满目，乞丐成群。卖儿鬻女，倒毙于路者比比皆是。“庚子事变”后清朝政府对义和团反帝斗争的态度发生了180度大转弯，由支持转变为残酷镇压，让全国人民进一步看清了清政府投降卖国的真实面貌。他们认识到，要生存，要国泰民安，要尊严，光反帝不行，帝国主义和清政府的封建专制必须一起反。以四川义和团为中心的农民自发的反帝反封建运动，自1901年起在全省范围内发展。四川义和团的战斗口号由“扶清灭洋”变成“灭清、剿洋、兴汉”。1902年夏历二月，资阳县令胡薇元非法逮捕、拷责义和团成员，激起了义和团在资阳的起义，四川义和团的武装斗争从此走向高潮。

四川义和团武装起义的燎原烈火，给予清政府极大的震动。1902 年夏历六月二十三日，同一天有高枏、王乃征两个监察御史向两宫呈递“四川乱象”奏折，认为乱象已成，弹劾四川总督奎俊及其下属，恳请速派重臣“补救”。

在八国联军攻打北京，逼得慈禧太后和光绪皇帝远逃西安的过程中，岑春煊护驾有功，深得慈禧信任。两宫才在西安落轿，山西急报八国联军已经打到该省边境，慈禧只好给岑春煊封了个山西巡抚的官，派他速速前去“灭火”。在留下心腹之人对两宫实行了严密的安全保护的同时，岑春煊很快解决了山西问题。当两宫从西安回銮，岑春煊在正定迎谒，慈禧特别召见了他，赏穿黄马褂，赐紫禁城骑马，命其扈跸入都。1902 年夏历五月，岑春煊奉调广东巡抚。交接手续还未办完，西太后又想到岑春煊是解决“四川乱象”最合适的人选，改派他署理四川总督，并要他立即上任。

岑春煊于夏历八月二十三日赶到成都，城外听得见义和团的炮火声，城门口原总督奎俊已经抱着官印等他。岑春煊急需左膀右臂，把他的老师赵藩从沙市济楚盐局任上火速调回省府，命他署盐茶道兼通省厘金，把政府抓经济收入的大权交给了赵藩。由于对赵藩的信赖，举凡安民、抚夷、察吏、理财、治军，以及设学、储才、考工、讲武等“新政”，岑春煊都要听取赵藩的意见。

然而，此时此刻的岑春煊也最为骄横。慈禧太后的宠信，解决四川义和团问题不仅被朝廷委以重任，而且特许他带晋军入川，岑春煊大有舍我其谁之势。他踌躇满志，锋芒毕露，甫一上任，就对义和团大开杀戒。仅据他于光绪二十八年（1902）九月十六日向朝廷《奏川省近日剿办会党拳民等情形折》做粗略统计，官军在资阳县两次共屠杀义和团300人左右，在安岳县起码杀害义和团三四百人，在成都县“毙匪200余人”，在华阳县西河场“先后斩获男女匪徒百余人”，在眉州仅夏历九月初九这一天“阵斩数十人，生擒7名正法”，在新津县两天共斩杀数百人、生擒130多人，在仁寿县高顶寨“阵斩百人”，珠宝场“擒斩200余人”，在莲溪、射洪、中江等县官军也血洗了义和团，除了阵前杀死的以外，抓到的活口也一个不留。

如此血腥的折子，岑春煊同一天实际上了两个。在第二个折子中，岑春煊又补报在资阳县两个点共截杀义和团150多人，在安岳县杀死57人，在中江县先后有两支义军150多名被杀，俘获的22名分别被“正法”或“保释”，在简州杀害义军数十人并将其被俘获首领解臬司“惩办”，在仁寿县有两支义军数十人被杀害。岑春煊于十月二十五日再次上折，报告九月十六日上折之后9天内他亲自审讯下令杀害的各州县义军首领或拳民有名有姓者共计137人，还有未列姓名者数十人。

对于岑春煊治川如此苛严，如此一味实施高压政策，以重兵围剿和肆意杀戮来扑灭义和团和其他百姓反抗帝国主义和封建专制的斗争，赵藩颇不以为然。在他看来，治蜀之策或严或宽的结果有着天渊之别，因此宽严的尺度必须严格掌握。宽严尺度的准确把握又取决于对形势的正确认识，而只有一切从实际出发，才可能对形势做出正确的判断。

对于帝国主义的侵略、剥夺和压迫，作为一个爱国主义者，赵藩认为必须坚决反对，这是赵藩对义和团运动的看法之一。即使在我们实行改革开放30多年后的今天来审视赵藩的这种观点，他的总方向没有错。李鸿谷先生说得好："如果说晚清中国遭遇三千年未有的变局，亦即传统中国如何走向现代化国家，其特殊之处，按历史学家金冲及先生所论，近代中国一切社会矛盾中，最主要的是帝国主义和中华民族的矛盾"。

第二，赵藩觉得义和团运动的问题是过于莽撞。所谓"莽撞"，就是失去控制的意思。义和团的口号是"扶清灭洋"，这个反帝民族运动失去了控制，责任在清朝政权。与中国发生的义和团运动性质一样，日本也曾发生"尊王攘夷"运动，其结果却完全不同。"尊王攘夷"运动在日本导致明治维新，促进日本一举从落后挨打的国家变成世界列强之一。而在中国，义和团运动则导致八国联军进攻北京，把中国推向了亡国灭种的边缘。这是为什么？对于日本的"尊王攘夷"运动，日本著名历史学家井上清有一段精辟的评论："攘夷，我们理解就是排外主义，可实际却存在着一掌握政权就立即停止排外的倾向”，“采取措施，保证与西方各国的贸易、通商和自由往来”。明治政权在利用“尊王攘夷”运动达到其动员社会力量打击幕府，夺取政权目的的同时，小心翼翼地控制运动的发展，不让其超越界限。反观清政府，维新派人士不是站到义和团群众运动的对立面加以严酷镇压就是唯恐避之而不及，于是他们自觉不自觉地把对群众运动的领导权拱手让给了顽固派。坚持闭关锁国观念的顽固派，当然不可能把义和团运动带领到正确的方向。慈禧太后虽说不上太顽固，但她在前期支持顽固派和义和团的目的，是服务于她的后党与光绪的帝党之间的斗争，她根本就没考虑过自己的目的实现之后如何让这个运动走向一个正确的方向，结果自然是玩火者的下场。而在当时，她一方面已经无法控制义和团运动的熊熊烈火，另一方面，帝国主义列强的压力咄咄逼人，她自己也不知道该如何是好了。面对这样的形势，赵藩认为，要正确判断形势，不该对义和团严酷镇压，滥用武力；给人公平，让人心服，才是解决四川问题的根本策略。

恰遇武侯祠住持请赵藩为诸葛亮殿写对联，赵藩觉得正好可用总结三国历史中蜀汉政权的经验和教训来表达自己的意见，于是提笔疾书：

能攻心，则反侧自消，从古知兵非好战；

不审势，即宽严皆误，后来治蜀要深思。

上联前面署“光绪二十八年冬十一月上旬之吉”，下联末落款“权四川盐茶使者剑川赵藩敬撰”。

“能攻心，则反侧自消”讲诸葛亮征南中（包括今四川南部、云南及贵州一带），采用了马谡的“攻心”建议，对叛乱首领孟获“七纵七擒”，孟获终于口服心服地表示：“南人不复反矣！”“从古知兵非好战”，即如《孙子兵法·谋攻篇》所说：“是故百战百胜，非善之善者也；不战而屈人之兵，善之善者也。”“从古知兵非好战”这句话是对上一句的进一步阐释和补充，其中又暗含典故：诸葛亮平南中后，大量起用当地土著首领，蜀汉政权在南中的统治从此得以基本稳固。这里充分展示了诸葛亮“知兵”的才智以及“非好战”的谋略获得的良好效果。

“不审势，即宽严皆误，后来治蜀要深思”，则在总结、研究刘璋政权和蜀汉政权的失误，研究蜀汉为什么会在三国中最先灭亡。在三国鼎立尚未形成之前，刘备、诸葛亮提出“兴复汉室”的口号，对他们发展实力，扩大影响确实起了不小作用。但是在三国鼎立已经形成，而汉献帝也已经禅位给魏文帝曹丕后，“兴复汉室”的口号已经失去了号召力。蜀汉政权抱着这个口号不放，不仅不顺民心，而且动员一切力量一次次北伐，以致最终把自己彻底拖垮，这就是“不审势”。蜀汉政权在形势判断上出了偏差，国策有误，必然造成许多具体政策的失误，其中最典型的就是对待土著豪族的政策。赵藩楹联中的“宽”，指刘璋在刘焉旧部赵韪企图夺权，曾带领土著豪族武装直捣成都事

能攻心則反側自消從古知兵非好戰

不審勢即寬嚴皆誤後來治蜀要深思

光緒二十八年冬十一月上旬之吉

權四川鹽茶使者劍川趙藩敬撰

赵藩武侯祠对联手迹

件发生之后，刘璋对土著豪族采取了一味迁就的政策，致使刘璋政权走向失败。赵藩楹联中的“严”，指蜀汉政权从一个极端跳到另一个极端，对土著豪族实施了峻急、过严的刑法，造成“君子小人咸怀怨叹”的政治局面。同时，蜀汉政权在仕途上排挤、限制土著豪族，除在南中等力不从心的地区较多地任用豪族外，蜀汉政权无视巴蜀土著豪族的巨大实力和潜力，坚持采用汉代上级官员考察、推荐、提拔、使用下级官员的用人制度，造成蜀汉各级政府的实权主要控制在刘备从荆州带入的基本队伍中，“终刘氏之世，官位不尽其才”（见《华阳国志》卷十）。其三，在经济上剥夺土著豪族利益，通过铸大额“值百”钱让府库充盈，同时使土著豪族手中存储的五铢钱迅速贬值；把原来控制于土著豪族手中的盐铁销售、金属采矿和冶炼等权利集中于政府，极大地侵害了土著豪族的利益，引起了他们的强烈不满。

“攻心联”将儒家文化和兵家文化的精髓融于一联，高度概括地提炼了诸葛亮、蜀汉政权和刘璋政权的成败得失，笔谏岑春煊要注意历史的经验教训。赵藩也提醒治蜀以至治国之后来者，都应该汲取这些经验教训。“这副联语中蕴含的统观大局、从实际出发、一切以时间地点条件为转移的哲理光芒，作为民族传统文化的智慧，永远值得我们学习和汲取。”（张志烈《谈赵藩撰诸葛亮殿联语》）

面对贵为四川总督的朝廷大员岑春煊，赵藩虽然只是他的部属，但赵藩也有自己的尊严，让岑春煊来看“攻心联”总得讲点技巧。在“攻心联”雕刻好之后，赵藩专门请来一大帮子吹鼓手，敲锣打鼓，热热闹闹地把“攻心联”送进武侯祠，悬挂到诸葛亮殿前。赵藩闹那么大动静，就是为了引起岑春煊的注意，让他的学生去读“攻心联”。

但是，当时岑春煊因受慈禧赏识正在洋洋得意，到四川后他指挥的官军镇压义和团的战斗连连取胜，所以又自以为得计，自我膨胀得不得了，继续我行我素。就在“攻心联”悬挂出来之后，岑春煊又把当时年仅16岁的女孩、红灯教首领廖观音悬赏千金捉拿到手后和另一首领曾阿义等一并在总督署大门前残酷地斩首示众。

赵藩既痛心，又不甘心。不管是他送“攻心联”的锣鼓没引起岑春煊足够的关注，还是岑春煊佯装不知，故意不予理睬，为了四川百姓，为了挽救四川危局，也为了岑毓英、岑春煊父子对他的知遇之恩，赵藩一定要把岑春煊拉去看这副楹联。冬去春来，万象更新，赵藩以邀约岑春煊游春之名，在武侯祠宴请岑春煊等人。这一次，岑春煊推辞不掉了。他阅读完“攻心联”，冷冷的，心中明显不快，但毕竟他曾经不止一次在同僚和下属面前都公开过自己与赵藩之间的师生关系，他没有当面顶撞赵藩。然而，赵藩还是很快被贬为永宁道。对此，川中师爷和教育界当时盛传这样的不平之语：“师道何道，试看永宁道！”指责学生岑春煊不尊重老师教诲，使师道尊严落了空。

仔细琢磨了“攻心联”，岑春煊在心底里不能不承认老师的看法有他的道理。此后，在经济上，岑春煊暂停了部分苛捐杂税的征收；在政治和司法上，他改变了处理山西问题时偏袒洋教及其教民而压制平民的态度。当年赵藩在酉阳任州牧时曾规定在办理案件中，诉讼呈词不准说明谁为教民，分出教民、非教民身份，断案只以证据来判断是非曲直，判断罪与非罪，不许别有爱憎。岑春煊把赵藩定下的这个规矩写成省督布告，并明确规定谁敢有意偏袒，严惩不贷。此布告张贴全省后，很快出现了民教相安的局面。岑春煊后来在《乐斋漫笔》中回顾这段历史时，颇为感慨地说："不知者，尚以为兵威震慑，故能致此。实则仅以公平之心，力行'除暴安良'而已。"就是说，四川教民事件的平息，岑春煊已经认为不能归功于武力的高压，而是依靠了给予教民与非教民一律平等对待的"公平之心"，以及让全省上上下下都明白了他的这颗"心"，说白了，就是归功于"攻心"。

1911 年四川爆发保路运动，清政府又一次专派岑春煊会同时任川督赵尔丰，扑灭四川保路烈火。清政府不仅给予岑春煊指挥川军及各省援军之权，而且允许他带粤军随行入川，对他寄予莫大希望。清政府哪里知道，尽管嘴上没说，但在岑春煊心灵深处，早已经埋下了"攻心联"的种子。岑春煊于 7 月 26 日发出电文，一方面要求四川各地武营不得妄行加罪于川人，地方官吏不许生事邀功；另一方面希望四川人民各安其业，他一定"为民请命，绝不妄戮一人"。清政府当权者发现岑春煊处理保路运动的想法做法，和他们原先的期望相悖，不得不"同意"他暂不赴川。这样，岑春煊不仅没有成为镇压四川保路运动的刽子手，而且因为看清了革命潮流，脱离封建政权营垒，投身共和事业。

1958年，毛主席莅临诸葛亮殿。在殿门悬挂的“攻心联”前，他双目凝视着这副楹联，思索着，久久伫立。

灾难深重的“文革”中，当四川省的一位主要领导向毛主席汇报完当时四川的混乱状况，请示治理方略时，毛主席语重心长地说，有个剑川人，名字叫赵藩，在你们的成都武侯祠写了一副对联，就挂在诸葛亮殿前，你回去好好读一读。

1980年，胡耀邦总书记对即将受命赴任主持广东省工作的任仲夷说，毛主席曾经讲过成都武侯祠一副关于如何治蜀的联语，我现在把下联换一个字送给你，随即把“攻心联”中的“蜀”字改为“粤”字。任仲夷果然不负中央重托，审时度势，通权达变，使广东成为中国改革开放的排头兵。

1999年1月21日下午，正在北京召开的全国宣传部长会议举行座谈会。当中共四川省委宣传部部长席义方发完言后，江泽民总书记讲起了成都武侯祠“攻心联”。他说，在座的都是宣传思想战线的同志，要善于审时度势，把握大局，善于做思想政治工作。

2002年5月21日，江泽民总书记在四川省考察工作时的讲话中又说：“成都的武侯祠里有清人赵藩的一副名联：‘能攻心，则反侧自消，从古知兵非好战；不审势，即宽严皆误，后来治蜀要深思。’这里面包含着深刻的道理，对我们今天观察形势、处理好各方面的工作仍然可以起到重要的启示作用。”

改革开放以来，中央和各省市的许多领导都很重视“攻心联”，有的部门还把它列为考试题目。

余秋雨在他的散文《五城记》中说：“成都的名胜古迹，有很多一部分是外来游子的遗迹。成都人挺大方，把它们仔细保存，恭敬瞻仰。”他把成都人的这种优良传统称之为“沉淀力”。正是这种“沉淀力”，使成都成就了“中国历史文化的丰盈偏仓”。改革开放以来，成都人又先知先觉，把旅游与文化巧妙地结合起来，让他们厚重的文化积淀结出了丰硕旅游与文化产业新果实。

成都市纪念“攻心联”问世100周年活动旅游线路推介会

2002年12月18日，是赵藩“攻心联”问世100周年纪念日。四川省成都市开展了“隆重纪念‘攻心联’问世100周年”系列活动。省市各类媒体对系列活动进行了充分报道，《成都日报》还出版了纪念“攻心联”问世100周年特刊，《成都晚报》出了专版，而《华西都市报》则策划了介绍“攻心联”诞生过程的纪实作品连载。由此，在四川，在成都，再次兴起“赵藩热”。成都的“赵藩热”，不仅使本来就是旅游热点的武侯祠变得更热，而且带出了“三国文化旅游路线”。成都市搞“隆重纪念‘攻心联’问世100周年”系列活动时，笔者是因为发表过研究赵藩的论文被邀请参加活动的。看到成都人对赵藩那么恭敬，又那么善于利用他在武侯祠写的一副对联推动四川旅游和文化产业的发展，钦佩、羡慕和着急一起涌上心头。笔者钦佩、羡慕成都人的作为，笔者更为我们云南人汗颜和着急！赵藩毕竟是我们云南人呀，他在四川做过官，在成都留下了著名的武侯祠“攻心联”等等文化遗迹不假，但他在云南、在昆明生活、工作过的时间更长；他的成都武侯祠“攻心联”因毛主席、胡耀邦总书记、江泽民总书记等几代党和国家领导人欣赏而名声大噪不假，同样地，他的大观楼长联书法也得到毛主席、江泽民总书记等几代党和国家领导人的欣赏，可云南人为什么没像成都人那么重视赵藩呢？当时笔者还在《春城晚报》任职，从成都回到昆明，笔者立即写了一篇新闻，报道了成都市开展的“隆重纪念‘攻心联’问世100周年”系列活动，同时提出了向成都人学习的问题。

赵藩孙女赵静庄（云南民族大学教授，右二）出席成都市纪念“攻心联”问世100周年活动

2003年8月，在大理州委宣传部和剑川县领导的支持下，笔者撰写的《剑湖风流——文化奇才赵藩传》公开出版。云南省文史研究馆以此为契机举办赵藩研究学术讲座，组织馆员到赵藩的家乡剑川进行考察，并在那里与当地党政领导、学者专家举行赵藩研讨会。2004年大理三月街期间，云南省文史馆、四川省文史馆、广东省文史馆、重庆市文史馆和大理白族自治州州委、州政府在大理联合举办了“云南历史文化名人赵藩学术研讨会暨赵藩书画展”活动，形成了改革开放后的一个赵藩研究热。此后，大理白族自治州白族文化研究所赵寅松主编的《情系大理·赵藩卷》公开出版。意义最为重大的事，是云南省人民政府重印出版了赵藩总纂的“云南丛书”，它功德无量，滋荣

后世。昆明市在重制了孙髯翁撰、赵藩书写的大观楼长联之后，又在南屏步行街竖立了赵藩集句联柱，赵藩的家乡剑川改向湖小学为赵藩小学，在千狮山风景区安放了赵藩木雕像，最近又计划把新建的剑阳楼一带建设成赵藩文化园。民间方面，收藏这一行里赵藩存世书法作品市价高涨，互传赵藩书法帖，描摹赵藩书法者也不少。这些都是好消息，相信它们都有利于推动云南省文化事业和文化产业的繁荣和发展。

昆明的《都市时报》刊登过一组文章，比较西南几个大城市的发展潜力。成都与昆明对待文化名人赵藩的态度和作为，是否值得认真比一比呢？肖锋先生《淡定的都柏林》的文章有一段话："当亚洲城市拼速度和效率时，欧洲城市在拼文化；当亚洲人拼体力和耐力时，欧洲人在拼创意。创意与文化，文化是因，创意是果。"用这样高远的尺度来做成都与昆明之间的发展潜力比较，更有意思吧？"一个书店也好，一个城市也好，一个国家也好，没有了精神追求，只会一片荒芜。一个国家在文化上的觉醒，始于知识精英的觉醒；一个国家在精神上的堕落，始于知识精英的堕落"。

怒甩乌纱

1905—1908 年，被历史学家称之为"亚洲的觉醒"时代的开端。在中国民族资本阵地得到巩固，民族自觉性进一步增长的情况下，两件国际大事让国人深受刺激和震撼。第一件是日俄战争。1904—1905年日俄之间发生的战争却在中国境内满洲打，充分表明腐败的清政府已经从根本上丧失维护国家领土主权的能力。同时，一个不久前才走上资本主义改革道路的亚洲邻国日本，竟然战胜了在世界上不可一世的沙俄帝国。在这种形成强烈对比的事实的冲击下，中国国内民族情绪迅速高涨，资产阶级在政治舞台上崭露头角。第二件是1905—1907年的俄国革命，对全世界人民也对中国人民产生了前所未有的影响，促进中国形成了新的革命高潮。

"亚洲的觉醒"和革命运动的发展，最具重大意义的事件，是全国第一个资产阶级革命政党——同盟会于1905年9月18日在东京成立。当年，同盟会成员熊克武、黄复生、谢奉琦等就奉命回川，成立了同盟会四川支部。紧接着，同盟会在四川发动了一系列武装起义和其他形式的革命活动。

当时作为清政府营垒中一员的川臬赵藩，对清政府的腐败没落极度不满，而又无可奈何。他于夏历四月初十致云仲的信中说："省中文武，戒严未久，今已泄沓如故。麻将世界，酒肉排场，歌舞日月，酬应经纶，真令人欲呕欲唾，奈何！"同时，他已经十分关注同盟会革命党人的革命活动，其中既包括四川革命党人的活动，也包括全国尤其是孙中山直接领导的广东革命党人的活动，深感革命潮流之力量不可阻挡。1906年同盟会部分成员在湖南组织的萍乡起义失败后，以孙中山为首的同盟会一部分领导人，于1907年初把革命活动的重心转移到广东、云南、广西等地。就在这时，他的弟子周钟岳从日本回国专程到成都看望他，给他带来的资产阶级民主革命新思想和中国同盟会的革命纲领，也对他产生了深刻的影响。

和广东一样，四川革命党人正以连续起义冲击着清政府的反动统治。熊克武、黄复生、谢奉琦、张培爵、黄万、谢持、佘英等先后策划成都、叙永、泸州、江安等地的武装起义。然而，一方面由于革命力量还未成熟，另一方面由于清朝反动势力的残酷镇压，这些起义均告失利。1907年冬，同盟会四川支部佘英、曾省斋、黄金鳌等与谢奉琦分析，虽然成都、泸州、江安三地武装起义事败，但谢奉琦在叙府联络各方，尚可举事，以激励群众斗志。

在谢奉琦、刘永年、杨世尊主持下，叙府确已做了大量工作，有相当的准备。税钟麟已往铁山制造炸弹；屏山和嘉定的巡防军已由徐岱中、杨世尊和黄农江分别接洽妥当；隆昌云顶寨洋抬枪（四川兵工厂造大步枪，需两人抬，故称“洋抬枪”）数十支，经黄万里、薛瀛海、郑辉武联系，可以相助；曾省斋、谢奉琦联系好刘绍峰、詹树棠发动叙府、宜宾县堂勇起义。适值雷波发生彝民兴兵，四川护理总督赵尔丰调巡防军前往清剿，叙府兵力空虚，谢奉琦、熊克武等认为有机可乘，定于农历十二月二十三日在叙府再次发难。

然而，起义机密被詹树棠的相识者、主办中央团队的雷东垣泄露。

农历十二月二十一日，叙府知府宋联奎出巡至岳口，闻府中有警，急归。根据雷东垣出卖的线索，宋联奎立即逮捕了刘绍峰、詹树棠。预定起义的时间即将到来，谢奉琦迅即向各方起义负责人通报了起义计划走漏以及刘、詹二人被捕的消息。同盟会成员大都主张采取慎重态度，避免无谓牺牲，保存革命力量，争取明年春天再举事，起义就这样流产了。

叙府知府宋联奎疯狂追捕谢奉琦。他通电全省，悬重赏缉拿谢奉琦。但谢奉琦并不怕死，回到家乡荣县后，有一天夜里，他在路上偶然发现郡守出外巡查，立即回家取出炸弹尾追郡守。因郡守有仆从簇拥，无机可乘，谢奉琦多次想从远处投出炸弹，又怕误伤车夫，结果怅然而返。

1908 年 2 月，同盟会泸州分会出现叛徒，宋联奎即刻按叛徒提供的线索抓人。有人密告谢奉琦，要他赶快逃走。谢奉琦答道："我带头宣传革命于我的家乡，不幸不成，战友们死了，我又怎能安心？因事败而脱逃，非勇士所为！我正要以我的革命气节唤醒民众，振奋民族精神，激励后来志士。况且，我若脱逃，受牵连的人必然更多。如果能以我拼一死而免去他人之死，那些受到保护的人一定会继承我的遗志。如果能以我一人之死换来革命者接踵而至，岂不是相当于我活着吗？”

宋联奎知道谢奉琦有同志支持，又有炸弹在身，敢于拼命，不敢贸然前去抓捕。他利用叛徒汪蔚然，诱捕了谢奉琦。辛亥革命成功后，谢奉琦的战友们探知汪蔚然躲在昆明，就设法引诱他回四川。等他到泸州那一天，在码头上先设好谢奉琦烈士的灵位，他上岸一看，心里已经明白，急忙趴在地上磕头。谢奉琦的战友们在他的灵牌前杀了汪蔚然，为烈士报了仇，雪了恨，这是后话。

在绞杀叙府起义过程中，刘绍峰、詹树棠被捕后，很快就被宋联奎杀害；他甚至命令巡防统带董南彬亲赴安边把李飞鹏抓回屏山斩首示众。这个杀人不眨眼的刽子手抓到谢奉琦后，却没有立即将其杀害。这是为何？原来，宋联奎要拿这个四川革命党要员向上司邀功求赏。当时的四川护理总督赵尔丰在镇压四川义和团、少数民族反抗和革命党起义中，嗜血成性，杀人如麻，被四川人民称为“赵屠户”。宋联奎想，抓到谢奉琦向赵尔丰邀功，必得重奖。他于光绪三十四年（1908）春二月二十七日发出“为提讯革党谢伟甫（即谢奉琦）事”致总督密禀，禀附“革党入会意见书”式样作为物证。

宋联奎审讯谢奉琦时，谢奉琦毫无惧色。宋联奎要他交代同党，谢奉琦拒绝作答。宋威胁说：“你必须如实交代，否则必死无疑。”谢奉琦挺身回答：“我当死为回家，我怕什么？何况我自己做的事，有我自己承担责任，何必追问什么同党！你实际也是汉族人，难道就甘心恬不知耻地当清朝廷的奴才么？如果你还有人心在肚里，我劝你立即反正，跟我一起走革命道路。否则，你只有死路一条！”

四川臬台赵藩在审理谢奉琦一案过程中，听到谢奉琦为革命、为同志不惜牺牲自己的英勇表现，看了审讯记录中他那铿锵有力的表白，视死如归的气势，感动得不得了。他千方百计阻挠宋联奎杀害谢奉琦，企图将谢奉琦营救出去。但赵尔丰不让释放谢奉琦。

赵藩或通过正面接触或旁敲侧击，再三给赵尔丰讲他在题武侯祠“攻心联”中阐述的治蜀方略，希望他审时度势，“缓刑弛禁”，放弃“峻法”治蜀理念，看清时代潮流，顺势而谋，慎重处理谢奉琦案。然而，“赵屠夫”一意孤行，坚持与革命党人为敌。他看到臬台赵藩与自己不是一条心，不仅放弃了通过臬署判案的途径，而且与宋联奎暗中勾结，瞒天过海，越过臬署判案程序，在叙府直接杀害了谢奉琦。

当赵藩得知川督赵尔丰勾结叙府知府宋联奎硬是瞒着他这个臬台兼永宁道道台，杀害了谢奉琦，因为最终未能营救出谢奉琦，赵藩气愤至极，怒甩乌纱，递交了辞呈。四川革命党人、我国辛亥革命著名领导人之一吴玉章在他1978年出版的《吴玉章回忆录》中这样评价赵藩的自我罢官之举：“谢被捕的英勇表现，使当时四川的臬台赵藩，深受感动。他为救谢不果，竟至辞官不做，足见清朝官府中的个别开明人士也已经感到革命潮流是不可阻遏的了。”

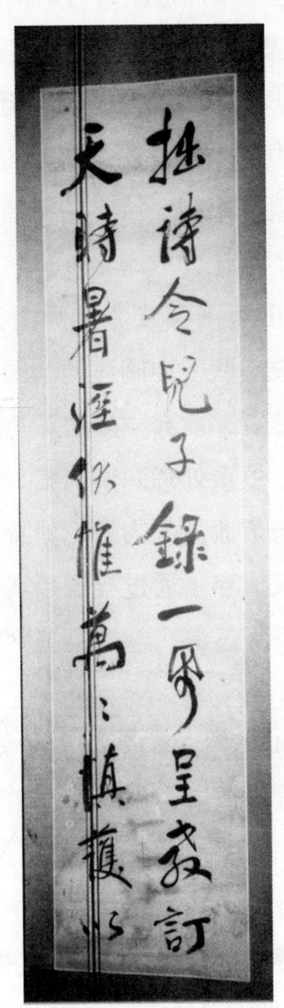

四川省泸州市博物馆展出赵藩书法

十字路口

1911 年，岁值辛亥，中国历史走到了一个极为关键的十字路口。5 月 20 日，德、英、法、美四国对华贷款银行团的代表，签订了 3000 万元的贷款给中国修筑湖广铁路。执行这项贷款协议时要求清政府实行铁路国有化。而铁路国有化在当时意味着名义上由清政府控制，实际上是由外国财团控制。清政府由于需要财政支援，要防止各省独立性增强，削弱中国资产阶级的阵地，也乐于与列强进一步勾结。但铁路国有化与地方商绅的利益相冲突，也打击了为修筑铁路交纳捐税或握有各种小的铁路股票的农民、手工业者和小资产阶级阶层，因而引起中国新兴资产阶级发动坚决反对铁路借款的行动，其中以四川反对铁路国有化的风潮最激烈。

清政府当时倚重于铁路国有化的主谋盛宣怀，企图以军事手段镇压四川的保路风潮，通过摄政王特派当年扑灭四川义和团起义有功的岑春煊前去剿办保路风潮，并催他立即起程。夏历八月上旬，岑春煊带了一部分广东龙济光的部队，磨磨蹭蹭从上海前往四川。到达武昌，经过和湖北总督瑞徵等探讨四川保路风潮事，大家都反对盛宣怀军事镇压的主张，岑春煊决定退缩。于是，他致电朝廷，请假回上海医病。而他还未来得及离开武昌，震惊中外的辛亥革命就在他身边爆发了。听说湖北总督瑞徵已经潜逃，他也乘乱买了赴上海的轮船票。

岑春煊被朝廷补授为四川总督。他以旧部久散，仓促无从召集，且各省纷纷起义，从上海到四川的水路已断为由，致电朝廷辞去新任命。但朝廷不允许，要求他“勉为其难”去上任。岑春煊为了表示对朝廷的忠诚，决定取道豫、陕，绕道入蜀。回想起1902年入川治理义和团起义的经历，岑春煊深深感到，此次入川处理保路风潮，更得倚重于老师赵藩的政治智慧以及他在四川的人缘——毕竟他在四川为官十多年啊，于是，还未上路，他就先拍电报到云南，恳请赵藩快赴四川汇合，助他一臂之力。

云南在1908年同盟会发动的河口起义、永昌起义相继失败后，革命党人总结经验，在积蓄革命力量、培养革命骨干方面做了大量工作。其中最显著的成绩就是把讲武堂办成了传播革命思想的阵地，培养革命骨干的摇篮，以及利用与蔡锷的特殊关系和蔡锷的同情、支持，把大量革命骨干派入清政府新军，革命条件日臻成熟。当四川人民的保路运动发展到高潮阶段，深受鼓舞的云南革命党人开始在昆明大造舆论，四处宣传川督赵尔丰被起义军诛杀，各级官吏被驱逐，四川已经取得独立！

这些革命舆论与四川传来的种种经证实和未经证实的消息把云贵总督李经羲闹得胆战心惊。最令他着急的是，新军第十九镇统制钟麟同、镇总参谋官靳云鹏等不断向他报告新军准备发动革命的消息。此时，他的谋士们建议，在云南，目前只有休养在家的赵藩德高望重，治乱有方，把他请出来，或许能压住阵脚。李经羲像捞着救命稻草一般，立即聘请赵藩就任省谘议局，电报一个接一个，催促赵藩赴省。

尽管已经年满六十，过了花甲之年，但冒再大的危险，赵藩也得去四川看望自己陷入战火之中的妻室儿女；加之滇督李经羲一催再催，赴任途中的川督岑春煊也再三电促，赵藩的父亲终于下决心，让赵藩再次返回政坛。

赵藩夏历九月初临行前，给在四川的二夫人芍云寄出了一首《感作七言》诗，表露心迹说，他此次出山，并非认为清王朝还能挽救，并非再为它去施展才能和抱负。这么勉强自己，只不过希望能扶持伤者，追悼死者，给百姓做一点安慰工作而已。如此苍凉之诗，可以说是赵藩给清王朝谱写的丧歌！

夏历九月六日（10 月 27 日），张文光在腾越（今腾冲）发动“九六起义”并获得胜利，立即建立了“滇第一军都督府”，公推张文光为滇西都督。3 天后，革命党人又在昆明发动“重九起义”成功。夏历九月十一日（11 月 1 日），省城起义官兵在五华山宣布成立“大中华国云南军都督府”（即“大汉云南军政府”），公推蔡锷为云南军都督。当日，云南军政府就通电清政府驻临安（今建水）陆军第七十五标和驻大理陆军第三十八协统下属第七十六标，敦促他们响应起义号召。

云南军政府通电于 11 月 1 日当天传达大理后，大理各种政治势力展开了激烈斗争。首先得到电报译件的是大理府知府周安元、大理县知县胡懋芬。周、胡二人决心效忠清朝，不仅隐匿电报内容不宣布，反而伪造云贵总督李经羲假电，命驻大理陆军三十八协协统曲同丰带兵进省救援。周安元还想继续造假，被电报局拒绝。与此同时，大理驻军三十八协协统曲同丰也得到了省城反正的消息，与七十六标第二营管带孙绍骞密议应变之策。大理驻军中还有另一股力量，即"同志会"成员。"同志会"在士兵中影响巨大，他们暗推第一营管带蒋辅臣为首领，即日也行动起来。

第二天（11 月 2 日），曲同丰派人请大理府知府周安元到标统办公处，随即下令将其扣押。大理县知县胡懋芬请军需委员吴绍磷出面说情。吴说，周安元已经深为后悔，现已发出通知，邀请阖城文武官绅开会。请曲统领放他回去开会，同时也请曲统领到会，以便领导大家。曲同丰放回周安元，并要求把会议地点改在他的统领办公处。后因地点太狭窄，会议仍移回府署举行。会议开始，先传阅了云南军政府电报。随后，会议主持人周安元请吴绍磷委员讲话。吴说："省城军政府，既电饬光复，自然也是要地方，要人民的，可否复电遵照，以得保地方安宁。"曲同丰顺水推舟："我们是奉命来保护地方的，当然要尊重父老们意思电复。"提督李福兴也表示照此电复。电报签发后，曲同丰与众官绅来到府署门前，宣布反正电文，随即分兵 5 队，派守 4 城门及城中央。当夜，大理城百姓熙攘街衢，提水送茶慰问兵士。

11月3日，曲同丰召集反正众官绅商讨成立迤西临时革命军政领导机关。经讨论，决定在大理成立迤西自治总机关部，由迤西各地官绅共同组成，并定于4日在大理考棚开会，投票选举有关人员。

11月4日大理反正官绅举行的投票选举结果，虽然曲同丰得票最多，但他不愿出任总负责人职务，于是选定从剑川出来，10月29日到达大理，本应前往昆明、四川的赵藩为迤西自治总机关部总理。他们同时选定原中学堂监由云龙、原提督李福兴任协理，范宗莹任参事长，张肇兴等4人任参事，分管团务、民政、财政、军事，周雯等5人为庶务、文牍职员。

赵藩被推到了人生的又一个十字路口：以老骥伏枥的担当精神投身滚滚革命洪流，还是甘做“遗民”，平平安安度过余生，抑或是奔赴四川，去为清政府效命？赵藩毕竟已经把清政府的腐败、没落看透了。从武汉、昆明到大理，清朝地方政权都垮台于一日之内，更说明了革命胜利的必然性。赵藩不愿当清王朝的殉葬品，更不想当革命的绊脚石，他放弃了出助川督岑春煊的初衷。本来他回到剑川，就打算在侍奉老父的同时，自己也在家乡颐养天年。现在，他也可以不接受大理反正官绅的意愿和选举结果，毕竟他已年老体衰，毕竟他陷于战火的妻子儿女正翘首等待他去接应。但是，赵藩是一个以百姓命运、民族前途为重的人。面对当时的大理革命政权虽然已经是继腾越军政府、省军政府和临安南军军政府后成立的第四个云南革命政权，但全省还有绝大部分地区的政权掌握在清政府手里，临安南军军政府也还受到清政府顽固势力的反扑。大理地区本身的情况同样很复杂，清新军标统涂定邦就图谋抵抗。鉴于对革命力量的信任，为了保持地方的安定，不要让父老乡亲陷入战乱之苦，赵藩顺应历史潮流，顺应革命要求，毅然挑起了大理革命政权首领的重担，以考棚为临时办公处，在他被选为总理当天，就公开宣告迤西自治总机关部成立，并投入运转。

赵藩就任总理后，立即向云南军政府致电，呈明设立迤西自治总机关部的情况，表示坚决接受省军政府的统一领导，并说明待大理时局稳定以后，即行撤销自治总机关部。在 11 月 5 日于大理校场召开了有军、学、绅、商各界人士参加的数千人群众大会，大家剪去发辫，热烈庆祝大理光复。赵藩下令向社会招募士兵，组建了行营步兵二营，经操练，开赴各地巡守。派出人员赴丽江、楚雄、顺宁、蒙化等迤西各府厅属，帮助整顿那里的社会治安秩序。通告本属钱粮及各府厅县商税仍解缴地方官如故。随后，丽江、楚雄、蒙化各厅府县纷纷复电大理，赞成响应省城“重九起义”，并选出代表到大理参加自治总机关部工作。赵藩运用其丰富的政治经验，短时间内实现了稳定局势、安定人心、保障人民正常生产生活秩序的目标。

滇男子

赵藩以“滇男子”自称，那该是一种什么样的担当？

纵观赵藩的一生，除了像历史上那些正直、廉明、干练的官吏一样，为国家、民族、老百姓做了许多有益的事以外，赵藩最突出的特点就是在风云变幻、多灾多难多事的时代中，始终保持高度的热情，顺应历史的进步潮流，走在时代前列，从一个封建士大夫转变为一个具有旧民主主义思想的斗士，这在他的同辈人中是非常少见的。赵藩是晚清诗坛耸立于祖国西南的一座高峰。同时，赵藩也是一座文化高峰。

——段炳昌《天南风雅》

在中国的文化传统背景下，当一个人自称“男子”“男子汉”或者别人激将“你还是男人吗”时，那意味着一种担当，敢不敢承担起一种责任。这种责任，可能是家庭的，可能是社会的，可能是国家的，也可能前面这3种都包括了。

赵藩以“滇男子”自称，那该是一种什么样的担当？

举起白发苍苍的头颅

民国二年（1913）夏历二月初三，赵藩被家乡各界推举为国会众议院议员。当时，赵藩对国会成立后的作用是抱有希望的。所以，他高高兴兴北行赴会。

然而，赵藩到京城后，看到的却是总统袁世凯导演的一幕接一幕的丑剧。

1913年2月第一次国会选举中，国民党赢得绝大多数席位，宋教仁担任了多数党领袖。宋教仁积极提倡政党内阁制以反对总统制，而袁世凯别有所图，因此他既不赞成内阁制政体，也不想采取总统制。他意识到人民的政党已经取得绝大多数席位，就意味着一个控制他野心的政党内阁即将组成，而宋教仁将被选为内阁总理。因此，袁世凯采取应急措施，指使其得力助手、当时的国务总理兼内务总长赵秉钧雇用杀手于3月 20日暗杀了试图推翻其政府的宋教仁。

宋教仁遇害后，一方面，袁世凯为了扩大个人权力，立即着手把敌对的国会搞瘫痪。国会从4月8日起召开，袁世凯肆无忌惮地采取贿赂、利诱、威胁等手段拉选票，同时缩减代表国民党力量的南方军队，而让自己的军队驻扎军事战略要地，并加强这些北方军队的实力。

为了筹措战争必需的资金，袁世凯竟然违反宪法，与5个帝国主义国家银行先后私签了2500万英镑的“善后”大借款。5月1日，参议院以107票对64票否决了这项借款。4天后，众议院也以223票对149票否决了这项借款。两个月后，又有揭露称，4月10日，袁世凯还在奥地利公使馆签订了另外两项秘密借款合同，其中一项为160万英镑，一项为2000万英镑。

赵藩作为一个年逾花甲、早就无心于政坛之人，为什么要奔波千里万里，到北京出席国会？无非希望久经苦难的中国实现共和以及独立，不要让人民继续惨遭封建统治者和帝国主义分子的蹂躏，不要让人民陷身于战乱的苦海。在北京眼睁睁看着袁世凯这一切无耻行径，从来有血性的赵藩怎能不怒火万丈？在国会，他对袁世凯进行了强烈的抗议。

但是，由于在帝国主义列强的援助下，袁世凯以及北洋军阀的实力已经大大增强，特别是得到5个帝国主义国家银行团2500万英镑贷款承诺后，他已经有恃无恐，着手直接准备发动消灭中国民主派的内战了，他哪里还听得进去赵藩等国会议员的抗议？不仅听不进去，他已经伺机解散国会。

局势如此之糟糕，令赵藩悲愤至极。既然自己在国会说话等于放屁，已没有任何用处，留在京城还有什么意思！赵藩打算卷铺盖走人！但是，参议员王人文拖着他，不让他走。王人文是大理人，与赵藩是滇西老乡；赵藩自我罢官后，王人文在四川担任护理总督期间也曾支持人民的护路运动，弹劾卖国贼盛宣怀；辛亥革命风暴中，他在入朝觐见的路上于西安应和革命。王人文再三劝赵藩，要用国会的力量拯救共和。众议院议员李根源虽是国民党中坚人物，因受黄兴影响，相信能和平解决与独裁者袁世凯的冲突，无论如何要赵藩再等一等，再看一看。

袁世凯一意孤行，在做好了用武力镇压坚持共和的南方各省的准备后，公开向资产阶级共和派发动了坚决的进攻。他于5月15日宣布撤销了黄兴的陆军上将职务，于6月9日免去李烈钧的江西都督职务，继后又免去了柏文蔚的安徽都督职务、胡汉民的广东都督职务。

赵藩当时在北京和李根源同住一个公寓。他痛心地对李根源说："袁氏野心已露，祸不旋踵矣！"两人遂于6月末化装成老百姓的样子，逃往天津，决定到那里再观时局变化。

惊险得很！赵藩、李根源到北京东站刚上火车，就得到消息说袁世凯派出的兵丁已到公寓搜捕他们。看样子，在天津也不可能待得住。赵、李二人到达天津后即刻又买船票，避往上海。上海也早于5月份就被袁世凯的北洋军占领。赵、李二人只好躲进租界。在租界，赵藩给议院寄去了自己的辞职信。

李烈钧被免去江西都督职务之后，赶到上海会见孙中山，与孙中山一起制定了反袁起义计划。当初李烈钧还在日本士官学校读书时，就与李根源是同学。李烈钧从日本士官学校学成回国后，曾任云南讲武堂教官、云南陆军小学堂总办兼兵备处提调。他在滇两年，和当时任云南陆军讲武堂监督兼步兵科教官、后任总办的李根源朝夕相处。作为外省籍的日本士官学校学生，是李根源把他推荐来讲武堂任教官的。他俩又都是同盟会会员，一起培养了后来成为云南辛亥"重九起义"的大批骨干。因此，对于李烈钧于7月12日带头发动的忠于共和的军队反对袁世凯的起义，即"二次革命"，赵藩和李根源都极表赞同。在上海，赵藩支持李根源积极投身"二次革命"。可惜，由于斗争双方的力量相当悬殊，仅仅两个月时间，共和派起义的最后一个基地重庆被北洋军占领，"二次革命"宣告失败。

袁世凯政府立即发出通令，缉拿黄兴、陈其美、李书城、李烈钧等"二次革命"的领导者和参与者，所悬缉拿奖金从10银圆到2万银圆不等。李根源只好亡命日本，入早稻田大学政治经济科，赵藩则回昆明。

赵藩从上海回到昆明之前，其二夫人河阳君已移居昆明双塔寺左新租宅子，并于夏历五月十三日诞下一女。然而，赵藩还是被他的学生周钟岳先迎进滇中道署住下，周钟岳时任滇中观察使，师生间要迅速通报各人所得悉的政局情况。赵藩痛陈了袁世凯一手制造的京中党祸和他残酷镇压“二次革命”的卑劣行径。而周钟岳也告诉赵藩，对于李烈钧等发动的“二次革命”，滇、黔、川、桂四都督蔡锷、唐继尧、胡景伊、陆荣廷均持反对态度。在昆明，云南都督府一是通过禁“谣”、拒投、停邮等办法，遏制起义消息的传播；再是通过电传，向李烈钧和其他“二次革命”参与者施加压力，迫使他们放下武器。据《共和滇报》8月1日报道，云南都督府以驻军名义发布布告称：“近因九江不靖，匪徒乘机鼓动。要知自伐人伐，亡国灭种相随。如有造谣生事，查出惩不从轻。凡属军民人等，谣传切不可听。为此通布知悉，各安职业无惊。”面对如此局势，赵藩、周钟岳师生恨恨不已，又甚感悲哀。赵藩只有杜门谢客，不谈国事。

在国际上投靠帝国主义的同时，袁世凯在国内授意杨度、严复、孙毓筠等所谓“七君子”于1915年7月份成立“筹安会”，大造“君宪救国”舆论，着手复古改制。他们向各省长官寄去了袁世凯的美国政治顾问古德诺所谓中国人民知识素养太低，不能行使民主政治权利，在中国实行君主制度比实行共和制度更为合适的文章《共和与君主论》，请他们派代表到北京，讨论君主制和共和制哪个更适合于中国的问题。各省军政长官和京城高官都知道“筹安会”的这种做法，就是要他们对支持不支持袁世凯复辟帝制进行表态。许多趋炎附势之徒自然立即出来捧场；有些心里另有想法的人在袁世凯拥有北洋优势兵力的前提下也不敢或不便当即亮明立场，只好随声附和或虚与应付。接着，袁世凯又叫他的心腹梁士诒组织“全国请愿联合会”，要求召开“全国代表大会”，“公选”皇帝。

袁世凯操纵下的参议院公开出面，3 天之内选出“国民代表”1993 人，进行所谓“国体投票”。自然，这些代表全体赞成实行君主制。同时，各省都送来一份拥护袁世凯当皇帝的“推戴书”。袁世凯用尽种种手段，把他的个人野心装扮成“国民公意”后，于 1915 年 12 月 12 日宣布“接受帝位”，并准备取消“民国”称号，改用“洪宪”年号，于 1916 年元旦举行“登基大典”。

袁世凯至今想起 1913 年国会期间赵藩呈诗对他的讽刺，仍然像一把匕首插在胸口那样疼痛。但他毕竟是极端狡诈的政客，他知道赵藩的文才，更明白赵藩在北洋军毫无控制力的云南有很大的影响力，更清楚赵藩与他的老对手岑春煊的特殊师生关系。他非常希望通过拉拢赵藩来巩固自己的政治地位，离间南方各省的反袁势力。他命身边的云南籍高官朱家宝给赵藩发急电，一方面以“典章制作之才”吹捧赵藩，并告诉他袁世凯已经给他安排了高官，要他快快入京；另一方面赤裸裸地警告赵藩，他要是不为袁世凯效力，绝没有好下场。

赵藩本来早已潜心滇省文献，对做官毫无兴趣，本来就因为从在封建朝廷为官那么多年的从政经历中认识到封建制度的灭亡已是历史的必然，更何况早在 1913 年国会期间他就已经把袁世凯的狼子野心看透，他怎么可能被袁世凯的高官许诺所迷惑，赴京帮他圆皇帝梦呢？赵藩既不受袁世凯的利诱，更不怕他的强权。年岁已过六十五，赵藩还怕死么？他大笔一提，断然拒绝服从袁世凯调他进京做官的命令。

其实，对于赵藩拥护共和、坚持反袁的态度，唐继尧心知肚明。唐继尧和蔡锷在 1913 年的“二次革命”中都支持袁世凯，他们以为所谓的“国权”需要维护。唐继尧接受袁世凯滇黔联军总司令的职务，出兵四川，攻打响应“二次革命”的熊克武。蔡锷也出了兵，“二次革命”的最后一个阵地重庆很快陷落。而赵藩呢，自从“二次革命”失败，从上海回到昆明，他就长期闭门谢客。后来在各界知名人士鼓动下他出面要求成立“云南丛书辑刻处”并给以经费支持，唐继尧都爽快地答应了、支持了，但他还是像变了个人似的，每见唐继尧，只谈云南文献的搜集、出版工作，从来不谈政治，唐继尧也没听谁说过除了埋头于“云南丛书”的工作之外，赵藩还干了些什么，说了些什么。

处于这样的历史背景下，唐继尧知道，要赵藩不提防他是不可能的，要赵藩体谅他、理解他，也是不容易的。但是，要在云南成功地发动反对袁世凯称帝的斗争，除了军队的支持之外，必须得到全省人民的支持。而赵藩是在各族各界尤其是在士绅中影响巨大的人物，何况他有丰富的政治斗争经验，唐继尧和他的谋士们迫切希望赵藩支持和参与他们的反袁行动。正在唐继尧考虑是由自己亲自出面还是派谁去游说赵藩时，辛亥革命云南“重九起义”元勋、第一任云南都督蔡锷于12月19日抵达昆明。当唐继尧对蔡锷说到他想请赵藩出山，参与谋划举义大计，又碍于他对唐继尧“二次革命”后的拥袁表现有误解，从来不肯与他谈论政治时，蔡锷立即说：“让我去吧！”

蔡锷将军亲自登门，在向赵藩问了好，介绍了自己脱离虎口来到云南的目的后，连连自责：“我对袁世凯一意孤行、复辟帝制的狼子野心估计不足，实在是养痈遗患啊！”蔡锷没想到赵藩不仅没像过去对其他人那样地避谈政治，而是充满热情地对蔡锷说：“将军不必过于自责，亡羊尚可追矣！”

于是，蔡锷向赵藩表示，他今番访问赵藩，还代表唐继尧、李烈钧，他们希望向他求教反袁大计。赵藩当即表明愿参与反袁义举的谋划：“老朽如尚有可用之处，死亦何足惧！”

其实，还在1914年秋，周钟岳离昆去北京任全国经界局秘书长时，唐继尧曾托周钟岳带秘语给蔡锷：“袁氏自平宁、赣，予智自雄，蹂躏国会，灭弃约法，扑灭民党，解散自治，观其行动，必不安于总统，必有盗国之日。”他建议蔡锷“脱身南来，共图大事”。对唐继尧的这种思想转变，周钟岳早已或明或暗地告知老师赵藩。而梁启超及其学生蔡锷的转变，则由于梁启超在袁世凯操纵的“筹安会”公开活动后于1915年10月发表了轰动一时的《异哉所谓国体问题》而人人皆知。表面上不问政治的赵藩，心里时时为祖国的前途、为人民的苦难倍受煎熬，对于全国瞩目的进步党领袖梁启超及他的学生、云南辛亥革命后的首任都督蔡锷的变化会不闻不问吗？根据赵藩的判断，眼下蔡锷已经冒着生命危险离开北京来到昆明，发动“二次革命”的先锋、原江西都督李烈钧和“二次革命”中受到唐继尧镇压的四川共和派起义军领袖熊克武都聚集昆明，说明唐、蔡等人是真要共图反对帝制大计了。

唐继尧特使来见赵藩，赵藩表示负责去做知名士绅的工作。唐继尧的特使希望他直接参与举事的谋划，他知道要是举事失败，必然砍头；而袁世凯当时的兵力10倍于唐继尧的兵力，如果云南举事后全国无一省响应，举事的风险是非常大的。但赵藩还是一口应承了。赵藩决定举起白发苍苍的头颅，再与袁世凯斗一场！

一切按赵藩参与制定的举事计划进行。蔡锷、李烈钧到昆明后不久，云南商界、军界、学界及群众数百人，召开了隆重的欢迎大会。会上贴出了用大红纸写的6条格言：“开诚布公，和衷共济，不争权利，不避风险，誓死报国，保障人权。”

12月23日，唐继尧、任可澄分别以开武将军督理云南军务、云南巡按使的名义，给袁世凯发出措辞强硬的电报，要求取消帝制，诛除帝制祸首杨度、孙毓筠等13人。电报是“最后通牒”式的，限12月25日上午10点以前答复。

同一天，唐继尧、蔡锷、刘显世、李烈钧、戴戡又将给袁世凯电报的内容，联名通电给各省知晓。12月24日，蔡锷、戴戡2人署名再电袁世凯，再行劝说。到12月25日上午10时，仍未收到袁世凯的答复。唐继尧、蔡锷、李烈钧、任可澄、刘显世、戴戡等人即联名向全国发出通电，宣布云南独立，反对帝制，武力讨伐袁世凯。反袁护国战争由此爆发。

袁世凯时期的云南将军府和云南巡按使署宣布撤销，成立云南都督府，又称云南护国军政府。云南都督府统治全省军民，管理一切军务、政务。都督府设参赞2人，参议4—6人，赞襄都督，筹议军务、政务。参议先行委任了赵藩、袁嘉谷、张耀曾3人。赵藩于是公开走上护国军政府班子岗位。

为了广泛宣传云南起义和护国运动的正义性，揭示云南都督府的内政和外交方针政策，云南都督府决定发布讨袁檄文和一系列对内对外文告。而其中作为第一个发布的，是由赵藩领衔，率云南士绅并代表云南全省1700余万人民向全国发出的通电。通电宣布公举唐继尧为云南都督，庄严宣告云南1700余万人誓死捍卫共和国，誓与民国共存亡；坚决不承认并谴责袁世凯另行委派督理云南军务和巡按使的做法。电报最后说："唐公与民国共存亡，吾滇千七百余万人誓与唐公共生死，此为吾滇真确民意，不容元恶假借。"赵藩还以个人名义公开致电袁世凯，历数他的罪恶，警告他或"自裁"，或"远窜"，休想再玩什么“退位”的花招：

“君卸总统称帝制，狡图不遂，削帝称统，起灭自由，抑何不知世间有羞耻事耶？举国之人迫君退位，余则谓君固已无位可言退也。为君代谋，唯慷慨则自裁，隐忍则远窜，斯二者择一而速行之，毋使生灵涂炭，神州陆沉，则君罪犹可末减。窃附知已之末，勉尽忠告。”

赵藩在自己的署名前，特意加上了“滇男子”3字，表达了大山般的云南男子汉敢说敢当的英雄气概。

在云南都督府的出师讨袁部署中，赵藩负责地方治安。他受聘云南全省团保局总办后，亲手制定了各种有关规章条例，通令各县切实执行。各县团防队伍按照赵藩发布的规章条例迅速进行组织整顿，承担起了各保一方平安的重任，使护国军得以悉数出征而无后顾之忧。

昆明的社会治安秩序是赵藩首先要抓的，因为这里是云南省军政机关首脑所在地。他属下的团保人员把昆明的治安管理得有条不紊。护国军分3路先后出征讨袁。1月14日，护国军第一军总司令蔡锷率总部所属自昆明出发，踏上向四川进军的护国征程。城内各大街扯着“瞒天过海”白布棚，让队伍通过。市民万人空巷，挤到路旁欢送。绅商各界和青年学生数千人集中在状元楼路口欢送。唐继尧都督来了，省市议员来了，唐继尧都督的老爷子也来了，但赵藩不为他们的安全担心。他自己也轻轻松松地和其他公民耆老站在一起，热烈欢送蔡将军和他的队伍。蔡锷见了唐老爷子和赵藩等士绅，立即下马。赵藩端起酒

现代化的昆明南强街矗立着赵藩旧题“金碧灵囿”的牌坊。护国时期，赵藩居住于这一带（王鼎乾　摄）

碗，声调激昂：“我代表滇中父老，祝蔡将军捷报频传，为护国立下更大功勋！”蔡锷饮了酒，向滇中耆老、士绅代表和省市议员行军礼告别。

蔡锷将军带领护国军出征前，和唐继尧一起找赵藩谈话，要他把弟子周钟岳叫回云南，协助护国军政府工作。赵藩慨然允诺，修书致当时避居日本的周钟岳，敦促其迅速回滇。

周钟岳接恩师赵藩信后，即准备回滇。无奈得知香港政府对转道回滇者有种种留难，未能如愿。袁世凯 1 月 1 日改元“洪宪”，登基计划则一再延缓。各省纷纷响应云南倡议，相继独立，坚决反对袁世凯称帝。袁世凯不得不于 3 月 23 日下令取消帝制，并于 6 月 6 日暴卒，在全国人民的唾骂声中结束了自己可耻的一生。6月7日，黎元洪就任中华民国大总统，护国战争在粉碎帝制复辟、恢复了共和制后结束了。

对于蔡锷元帅，赵藩充满感情，十分敬重。蔡锷病逝于日本，云南护国军政府举行悼念活动，赵藩用饱蘸泪水的笔，写了两副挽联。其中之一为：

南滇两树义旗，强我周旋，回首下交成往事；
东海顿惊噩耗，悲君殂谢，比肩中国几人才。

上联回顾了赵藩与蔡锷之间在辛亥革命和护国运动中建立起来的情谊，其中的“强我周旋”4个字客观地说明赵藩跟上时代潮流的步伐，投身革命大业是得到蔡锷的助推之力的，“下交”一词则准确地说明蔡锷对下属的慈祥。下联盛赞蔡锷是当时中国没有几个可以比肩的人才，于公于私，赵藩对蔡锷的逝世都悲痛难忍。

之二为：

身备经险阻艰难，秉钺功成，人格争回大中国；
志不在势位富厚，盖棺论定，众心崇拜古英雄。

蔡锷之功，莫大于“争回大中国”，辛亥举义推翻帝制和护国运动再造共和，无不是复兴“大中国”最坚实、最辉煌的步伐。蔡锷获此殊勋，靠的是经受得住艰难险阻的考验，靠的是志向不在权位显贵、家财万贯的人格魅力，而赵藩推崇的英雄品格正是蔡锷的这种人格。唐继尧都督要赵藩代他作并书写悼念蔡将军挽联，他又作联：

所至以整军保民为要图，众论所归，大将慈祥曹武惠；
平时惟读书致用相敦勖，公言不负，秀才忧乐范希文。

曹彬，北宋初名将，谥武惠，据张光祖《言行龟鉴》记载，曹彬战功之卓著，当朝无人能比。他曾说："自我带兵以来，杀的人多了，然而，从来不曾因为个人的喜怒而杀过一个人。"他的住屋破损，部下请求予以修葺，他不同意。他说："现在正值深冬，各种虫类躲在墙壁瓦石之间越冬，此时修葺房屋，岂不是要伤害它们的性命。"蔡锷治军保民的慈祥之心，与曹武惠一样。蔡锷平时与同僚属下共勉，强调读书要学以致用，培养范仲淹那种"先天下之忧而忧，后天下之乐而乐"的情怀。悬挂于岳阳楼的清代窦序撰写名联上联云："一楼何奇，杜少陵五言绝句，范希文两字关情，滕子京百废俱兴，吕纯阳三过必醉，诗耶？儒耶？吏耶？仙耶？前不见古人，使我怆然泪下。"此处的"两字关情"指的不就是赵藩代唐继尧拟联中的"忧乐"二字吗？赵藩在此代表唐继尧向蔡锷的英灵表示，一定不会辜负他"先天下之忧而忧，后天下之乐而乐"的教诲，永远追随他的足迹。

这一切，还表不尽赵藩的悲痛之情。他辗转反侧，彻夜难眠，又写下了长达40行的《挽蔡松坡》诗，深切怀念他与蔡锷之间刻骨铭心的战友情。

护国战争结束后，由于云南人民为反袁护国，维护资产阶级共和制度做出了重大贡献和牺牲，因此，省议会要求对死难疆场的护国军官兵忠骸，应予收葬，对于遗族应给予抚恤。除了对死者、伤者的安排、抚恤外，云南省政府还采取申请勋位、授予勋章等措施，以奖励参与护国战争的人员。赵藩荣获国家颁发“云南举义，再造共和”一等嘉禾章1枚、一等虎文章1枚。

黎元洪以中华民国大总统名义明令1915年12月25日云南首义拥护共和日定为国家纪念日。1916年的首义纪念，云南举行了一系列活动。赵藩亲手编辑出版了护国运动《要电》，为《义声日报汇刊》题了刊名，为云南图书馆发行的《云南首义拥护共和始末记》写了弁言，为庾恩旸撰写的《再造共和唐会泽大事记》写了序言。除去前述《挽蔡松坡》诗和讨伐袁世凯诗外，他还为《东大陆主人言志录》题诗2首，发表于1916年12月23日《义声报》，热情称赞唐继尧的护国功勋；为刘成禹《洪宪纪事诗》题诗2首，称道他边战斗边写诗的革命激情。

坐视非仁人

护国运动的胜利粉碎了袁世凯复辟帝制的梦想，但没有打垮北洋军阀反动统治集团，各帝国主义国家在他们的共同走狗袁世凯垮台后，各自扶持代理人，使中国陷入了军阀混战之中。

1917 年，面对军阀混战的一触即发之势，全国各界人士和社会团体纷纷呼吁组织起来，谋求制止军阀混战的对策。针对军阀图谋解散国会、破坏约法这一要害，6 月 8 日，孙中山致电粤、滇、黔、川、桂、湘各省督军、省长及省议会，指出“国会为民国中心，宪法为立法根本”，呼吁他们起而“护法”，为捍卫国会和宪法的尊严，克日誓师，挽救危局。

在以无数护国先烈的鲜血和头颅从窃国大盗袁世凯手中夺取过来的四川这块地盘，此时被四川军队首领刘存厚拱手献给了段祺瑞北洋政府，成为西南民主革命势力生存的一个严重威胁。在唐继尧函电交加，劝说刘存厚“尽弃前嫌，共同对北”毫无效果的情况下，为了民主革命势力的生存与发展，唐继尧不得已而于 1917 年 7 月 17 日发出了《云南靖国护法通电》，历数刘存厚“叛受伪职，死心附北”的罪状，发动了靖国护法战争，讨伐刘存厚等北洋走卒。

但是，刘存厚和段祺瑞新任命的代理川督周道刚等大造唐继尧“护法”是假、“图川”是真的舆论，要求四川各界反对滇军、黔军在四川对刘存厚进行的军事斗争，造成四川各界对护法军产生猜疑，甚至与滇、黔军对立。同时，滇、黔护国之战后原驻四川的滇、黔军相继战败。

在这种情况下，唐继尧于8月6日致函孙中山，希望他为滇系进兵四川进行疏通的同时，又请赵藩出马。他知道赵藩因为在四川为官期间爱戴百姓，为政开明，同情和支持过民主革命派，深受四川各界敬重，更不用说他还深受滇军将领敬重。唐继尧一定要赵藩亲自入川，去做四川各界与驻川滇军之间的疏解工作。

对于段祺瑞企图解散国会，破坏约法，赵藩看得清清楚楚。因而他在《致北京大总统国务院电》中，严厉谴责北洋政府“民国其名，专制其实，卒之难守秘密，终露机缄”。他明确表示了自己的“护法”决心：“宪法所重救时，是宜速颁遵守。南北一气，上下同心，决机则兵可去，食可去，惟信不可丢。任事则劳不辞，怨不辞，纵死亦不辞。”

为了“护法”大局，赵藩抱着“坐视非仁人”的态度，不顾年老体衰，豪迈地踏上了入川征程。他决心运用自己的三寸不烂之舌，为靖国护法尽自己的一分力量。

赵藩进四川接触了各界人士，他们纷纷向他说了心里话。他了解到，滇系势力控制了四川军政民财大权后，不仅与川军发生利害冲突，而且使四川人民大受其害。这是唐继尧的靖国军遭到四川军民一致反对的原因，也是川滇两军第一阶段对阵中滇军失败的原因。罗佩金督军署遭川军袭击，滇军被赶出成都，与罗佩金对团结友军方面措置失当，就有很大关系。罗佩金的助手、四川督军署秘书长周钟岳也这样认为。于是，赵藩劝说唐继尧“宜以川人主川事”。

在靖国战争中，川军第五师首领熊克武和刘存厚及周道刚不一样，他一直与滇、黔军保持联系，有随时响应“靖国”之势。熊克武于12月13日致电孙中山、陆荣廷、唐继尧3位护法军政府大元帅、元帅，宣布与西南靖国军一致行动。滇黔川靖国军占领重庆后，根据赵藩“宜以川人主川事”的意见，推举熊克武为四川靖国各军总司令，靖国联军分3路向成都进发的战略得以顺利实施。在刘存厚于1918年2月的反攻无法阻挡靖国联军攻势的情况下，2月18日，川军一师、三师及刘成勋旅、陈洪范旅、汪可权旅、舒荣衢旅，联名通电宣布与西南靖国护法军一致行动，并推举熊克武主持四川军政事务。刘存厚系统分崩离析，刘存厚不得不退出成都。熊克武部川军和滇、黔军相继进入成都。

事实让唐继尧认识到赵藩“宜以川人主川事”的建议，是一条可行的也是他不得不走的路子。1917年12月23日，唐继尧以滇黔川靖国联军总司令身份宣布：“特任熊镇守使克武为四川靖国各军总司令，所有川省加入联军各部队均归节制指挥。”在靖国联军攻克成都后，2月25日，唐继尧又任命熊克武为四川督军兼省长。

可惜，唐继尧入川，他打的算盘中，除了“护法”的一面，还有割据西南、想称“西南王”的一面。因此，在任命过熊克武之后，他又以“援鄂”和“援陕”名义，将川、滇、黔各军将领分别委任为各路总司令、镇守使。这样，他就把参加护法的川军，全部纳入了滇系控制的军事体系之中。接着，唐继尧要熊克武设立四川省军务分会，让滇军赵又新将军分管这个分会，不仅分散了熊的军权，并在熊身边设置了监督者；要熊克武让出重庆镇守使一职，由黔军将领王文华接替；设立叙（州）、泸（州）镇守史，由滇军将领顾品珍充任；设立夔（州）（今奉节）、万（县）镇守使，由滇军将领叶荃担任。于是，唐继尧从实质上推翻了“川人主川事”的战略思想。这就为后来唐继尧和熊克武的明争暗斗，为后来熊克武支持顾品珍“倒唐”埋下了祸根。

在顾品珍被任命为叙（州）、泸（州）镇守使后，赵藩也给他去过一函。函中也忠告顾品珍对四川方面军政官员以致各界人士“表逊让谦冲之态度”，同时对自己的军队“须持缜密坚固之根基”，要整顿好自己的队伍，不能让他们纪律松弛，欺压百姓，胡作非为，以争取“廉蔺永好，浑睿无讥”，把叙（州）、泸（州）治理得能让人“布袜青硅，优游枋社”。顾品珍算是把赵藩的忠告听进了心里，而且照着做了。赵藩后来到广州护法军政府任职期间，还给他推荐到顾品珍帐下工作的菊溪写信，说：“滇军驻川，主客易起猜嫌，往事具在，须请小斋严明纪律，体恤地方，以期相得相安是为至要。”菊溪先生从此也常以赵藩的话提醒顾品珍。赵藩在致滇军第八军军长叶荃的信中，建议他“招抚”（叙）永泸（州）之间“溃兵失伍”的川军，“收械收人”，化为己用。他这个优待俘虏的政策，在叶军也收到了良好效果。

1918 年 6 月，广州护法军政府改“大元帅制”为“政务总裁会议制”，唐继尧被选为七总裁之一。他于 8 月 1 日按照总裁会议关于“各总裁未能莅粤者，得派代表兼任部长职务，出席政务会议”的决定，立即派遣赵藩作为他的代表到广州军政府就职并兼任交通部部长职务，出席政务会议。

赵藩认定自己年迈多病事小，国家“护法”事大，而且经和辑刻“云南丛书”工作班子商量，他们个个勇于挑重担，表示一定不会因总纂不能亲自动手而影响工作进度，赵藩毅然离开了温暖的家庭，踏上了去广州护法军政府就职之路。

作为交通部长，赵藩不避寒暑，不辞辛劳，关于公路、铁路、邮政、电讯、航空等方面，他都竭心尽力地做过详细规划，并提出了西南交通建设规划方案。但在军阀混战年代，他的规划很难落到实处。广州那么燠热，空气湿度那么大，让人终日汗流浃背，他实在受不了。

暑湿蒸腾，常常引发他的腰痛和关节风湿病，脚肿起来，站不直，走不了，一天接一天下不了床。但他还是兢兢业业，充分发挥他的经济管理方面的聪明才智。

君子贵自立

赵藩从交通部长任上辞职时，已经寿满古稀。1923年，曾任中华民国南京政府副总统、时任北京政府总统黎元洪从千里万里之外的天津，特意送“滇南一老”亲笔题笺到昆明，赠予赵藩，作为其归乡之荣。云南大学人文学院院长、教授段炳昌说：“纵观赵藩的一生，除了像历史上那些正直、廉明、干练的官吏一样，为国家、民族、老百姓做了许多有益的事以外，赵藩最突出的特点就是在风云变幻、多灾多难多事的时代中，始终保持高度的热情，顺应历史的进步潮流，走在时代前列，从一个封建士大夫转变为一个具有旧民主主义思想的斗士，这在他的同辈人中是非常少见的。”段先生这个论断是很客观、很中肯的。以和赵藩同时代的文学界为例，同光体代表人物沈曾植、陈三立、陈衍、郑孝胥，诗界革命的代表人物黄遵宪，戊戌维新的领袖人物康有为，曾经通过翻译西方名著，为传播西方进步思想做出过贡献的严复、林纾等，不都在此起彼伏的历史变局中先后变成遗老遗少，逐渐被历史的潮流淘汰了吗？比较起来，赵藩是了不起的。就政治而言是这样，就文学而言，又何尝不是这样。在中国文学发展史上，赵藩是一颗不落的星星。

赵藩一生著作之丰富，迄今为止，云南文化史上没人超过他，而他竟是一个少数民族文化人。他也不因自己是少数民族而自卑，他有 3 枚印章，分别称自己“白子赵藩”“赵白子”“白子”。诗人赵式铭曾经感叹：在一两百年后，我们不知道剑川这样的边远地区，会不会再出现赵藩这样的文化巨人，但是，“上溯唐宋，下讫明清，求如先生之学业者，则仅有而绝无”。就文学创作而言，赵藩的主要成就在诗词和楹联，此处谈谈他的诗词。

赵藩一生勤于吟诗作对，“由少而壮而老，未尝或间，然熟生巧，惟专精致”（见《向湖村舍诗二集》）。王灿选编《滇八家诗选》，其中有赵藩。王灿说，赵藩存诗 70 集，“不下万数千首，视放翁尤过之”。中国诗歌史上，谈到作诗最多，有人说陆游，有人说乾隆。陆游 12 岁作诗，自己说作诗万首，实存 9300 多首，那是硬功夫。《中国文献概要》说乾隆作诗 10 万，但实际没留存多少。乾隆的御制诗，被称为“诗片”，当不得真的。赵藩的诗，王灿说不下万首，并非阿谀之词。他的诗已编为 3 个集子，其中《向湖村舍诗初集》出版过，第二集已由“云南丛书”编辑编定，第三集和别集原来由家属保管，“文革”抄家，散失殆尽。即使如此，笔者编著《情系大理·赵藩卷》时，还看到不下六七千首。每天作一首诗，天天不断，也要 30 年，才能作出万首诗，世间几人能做到！赵藩还填了不少词，仅公开出版过的《小鸥波馆词抄》就收录 206 首。

赵藩的诗词成就，名扬四海。民国年间编写的《续新纂云南通志长编》，已称赞赵藩、陈荣昌、吴式钊、朱庭珍为“滇南四杰”，也就是“云南四杰”。赵藩活跃于诗坛的年代，全国名气最大的革命文学团体“南社”的创始人高天梅，骨干邓尔雅、蔡守哲等，都很推崇赵藩。国学大师章太炎也与他诗来词往。他的词在中国词史上也有着不可忽视的地位。严迪昌编著的《近代词抄》就选录赵藩词作 14 首；叶恭绰《全清词抄》，也选录了赵藩的词。1886 年夏历十二月十九日苏东坡诞辰，赵藩邀集诗友在昆明翠湖集萃轩举办了为苏东坡祝寿诗会，并借此成立了集萃轩诗社，与宋镜澄、朱小园、杨竹溪、地藏寺僧海苹等常常聚会，你唱我和。晚年，赵藩又常常与昆明螺峰莲社诗人相酬唱。袁嘉谷、周钟岳、赵式铭、李根源、秦光玉、方树梅这一批云南近现代文学史上的“鸡塅”都是他的弟子。

赵藩常在翠湖以诗会友，写下了《翠渔杂咏》等名诗（王鼎乾　摄）

赵藩的诗词风格突出表现在这样几个方面：第一，始终坚持吸收众家之长，而又不被哪一个门派所局限。周钟岳评价他的创作风格“汪洋汇百川”，陈荣昌则说“不名一家，不拘一格”，意思是一样的。就是说他学习古人，学习别人，并不拘泥于哪一家，哪一派，谁有什么长处，他都虚心接受。除了杜甫、苏轼，除了宋诗派，性灵派、格调派的一些观点他也接受了。他“性情忠孝出文章”的观点，就明显受到格调派代表沈德潜“厚人伦，匡政治”的政治主张的影响。赵藩“不名一家，不拘一格”的理念，为他同时接受“诗界革命”派黄遵宪们的现实主义新思想以及后来与资产阶级文学革命阵营“南社”站到一起，打破了藩篱，创造了条件。由于他“不名一家”，他的作品表现出了“不拘一格”的特色。古、朴、幻、真、平和、激烈、空灵、富有、沉痛、诞诡、匀称、参差，这许许多多的不同，甚至相互冲突的范畴，都熔铸于赵藩的诗词里，因此赵藩的诗词就显得“变幻离奇，不可测度”，赵藩的创作已经进入了《庄子》中的老斫轮那种随心所欲，自由挥洒的境界。第二，赵藩在他的文学创作中，坚持走“自立”的道路，形成了自己的独立风格，或者叫个人风格。赵藩的创作风格可概括为 3 个方面：其一，主张现实主义和浪漫主义相结合的创作方法。其二，坚持“真色”，即以情感，反映真实的社会现实，语言也主张率直，而反对刻意雕镂。其三，他注意向民歌和童谣学习，甚至肯衍谚为诗，这也是他的诗词内容具有深厚的文化蕴含，而语言生动形象，明快晓畅的重要原因之一。段炳昌教授说："同光体等宋诗派自有他们的成就在，但是，赵藩的诗歌确实在很多方面都已超过他们，赵藩是晚清诗坛上耸立于祖国西南的一座高峰。"这种评价是令人心悦诚服的，并非溢美之词。

赵藩的诗词，内容宏富广阔。陈荣昌在《向湖村舍诗二集》序中说：赵藩写诗，"国计之安危，民生之休戚，朋友之聚散切劘，身世之进退得失，家人骨肉之离合，忧虞欣悦，发于咏歌，载于篇什"。

关爱人民，同情百姓，是赵藩诗词的主旋律。他于1879年到北京应试途中，看到山西百姓饿殍载道的苦难，写下了新乐府二章：

观音土

万落千村空雀鼠，树皮草根俱乏煮。
翳桑幸有观音土，观音慈悲悯尔饥。
食之一饱还归西，不食亦死食亦死。
且缓臾须对妻子，妻子号咷泪零雨。
顷刻彭亨腹如鼓，吁嗟乎，观音土！

小儿哭

小儿哭，泪簌簌，白日惨昏风刮屋。
西家杀儿啼声哀，东家小儿观之回。
回家婴娩告阿母，吾家可须儿作俎？
屠刀在颈儿心悸，果欲杀儿俟儿睡。

还有读了如此让人心碎的诗歌么！两首诗用语明白如话，章法采用大众喜闻乐见的民间歌谣体，情感真挚悲悯，如诉如泣，悲中带怨，具有极强的震撼力。赵藩本来就生长在边疆少数民族农村家庭，且饱尝战乱苦难，再经历了6应会试过程中的许多世事，赵藩从个人的名利场走向同情百姓，忧国忧民，直面现实，反映现实的诗人。

当时，赵藩已经认识到百姓的苦难根源，不仅在于天灾，其中还有人祸。他的诗词中充满了对贪官污吏的愤恨："盘盘落旋涡，险绝邕子洞。酷吏慎勿来，请君先入瓮。"

在中法战争中，当我军著名战将刘铭传在台湾痛击孤拔海军，冯子材、杨玉科等在越南打得法军统帅尼格里都受重伤，望风而逃，赵藩是那样地兴奋："快枪如雨炮开花，毡笠猩红烂晓霞。直捣中坚擒上将，头颅砍取大如瓜。"

这感情热烈、直率，语言形象、生动，而又明白如话，毫不生涩的诗歌，把战场的胜利描绘得栩栩如生，痛快淋漓，有一点爱国之心的中国人读了，都会感到大快人心，大长志气。

作为清朝政府的一名官员，赵藩对这个政府的腐朽没落不仅十分不满，而且对其将来已经丧失信心。赵藩为国家的前途、人民的命运忧心如焚，他变成了屈原、变成了元结：

香花满路万人看，听说分巡是好官。

蒿目道州元漫叟，何方与尔药饥寒。

赵藩当时兼任几个官职，其最大的官衔是二品分巡使。当他这个分巡使为没能救下谢奉琦而自我罢官，离开官衙时，老百姓“香花满路万人看”，来送他这个好官。蒿目，远望的意思。《庄子·骈拇》：“今世之仁人，蒿目而忧世之患。”漫叟，唐代诗人元结自号，道州刺史，杜甫推崇元结的诗中有“道州忧黎庶”句。像元结一样忧虑着国家的衰败，百姓的困苦，赵藩无比痛苦地问：救国救民的良方究竟在何处。

辛亥革命的浪潮滚滚而来，当时正在大理的赵藩，顺应民意，顺应历史潮流，顺应革命要求，毅然挑起了大理革命政权首领的担子。

他在《辛亥九月纪事》这首诗中吟道：

初终双摄政，才力自天渊。

席卷廿余省，基隳三百年。

胡琴霜睍睆，汉帜日中天。

唤起狻猊梦，还当万策全。

对于辛亥革命的浪潮一下子就席卷20多个省，推翻了清王朝三百年的统治，带来了社会的新气象，迎来了国家和民族命运的新曙光，赵藩钦佩不已，兴奋不已。但赵藩对这个国家、这个民族的病看得太透了，激动之余，他又冷静地想：清政权的统治刚刚终结，要唤醒中华民族这只狻猊，实现中华民族的伟大复兴，还应当有万全之策。

赵藩的判断没有错。民国二年（1913），赵藩被家乡各界推举为国会众议院议员。他到京城参加中华民国的国会，看到的却是总统袁世凯导演的一幕接一幕的丑剧。心中憋闷不过，赵藩提起笔来，写诗讥讽袁世凯。赵藩已是垂垂暮年，他不可能跃马横戈，但他有仗义执言的胆量，有不畏权贵的傲气和不为五斗米折腰的骨气。利用众议院开会之机，他冲到袁世凯面前，把写好的诗直接递到他手里。赵藩简直就是文人中的荆轲，袁世凯展开他的诗一看，即刻脸色大变，可惜此诗未曾流传下来。但从赵藩后来送给章太炎的诗中可以看到赵藩当时的心情：

君为浙西章疯子，我是南滇赵病翁。
先生岂狂我岂病，补天浴日此心同。

章太炎是中国近代资产阶级民主革命的著名思想家，也是被称为“国学大师”的著名学者。1913 年 8 月，袁世凯急电黎元洪、章太炎入京议事。章太炎冒死进京，准备通过与袁世凯展开面对面的斗争，挽救共和危局。谁知他一进北京，立即被袁世凯软禁。

软禁期间，章太炎拒绝被收买，几次逃跑均未成功，于是只好做出疯狂状，以抗议袁世凯对他的迫害。和赵藩呈讽刺诗当面骂袁世凯一样，有一次，章太炎手持羽扇，以袁世凯送给他的大勋章作扇坠，径直到总统府，大骂袁世凯包藏祸心。

赵藩、章太炎们的骂，全是为了“补天浴日”呵，但袁世凯除了记恨于心，一点都听不进去，最终赤裸裸地复辟帝制，把他自己的小命也搭上了。赵藩在他的诗歌《谢幼侯言不可无咏袁世凯诗，要余同作，戏占一律》中辛辣地嘲讽了袁世凯策划的复辟帝制闹剧：

欺主愚民倏戢戈，尽收败类入包罗。
假公大抵为私尔，有术其如不学何？
八十日君龟颈缩，五千年史鼠肠拖。
孙杨劝进王符谶，名士重钱值几多。

前四句把“筹安会”那伙人的丑恶嘴脸刻画得惟妙惟肖，入木三分；“八十日君龟颈缩，五千年史鼠肠拖”，把袁世凯牢牢地钉在了历史的耻辱柱上。“孙杨劝进王符谶，名士重钱值几多”，则是对杨度、孙毓筠等为了高官厚爵助纣为虐、倒行逆施之徒的最严厉警告。

为了继续发扬“护国”精神，与“袁家遗孽”做不懈的斗争；为了扫除“北庭”即北京政府制造的“万里愁云”，赵藩以“满江红”为词牌，和岳武穆原韵，创作了滇军军歌：

剑佩雄冠，男儿志，昂藏不歇。凭半壁，涤腥湔垢，浩然义烈。金马腾空开宿雾，碧鸡叫梦醒明月。又两番推倒段和袁，抒诚切。

老松干，耐朔雪。坚金质，难磨灭。撑苍山巨石，补完天缺。尺组终拴默啜颈，寸丹不化苌弘血。大中华，璀璨采云笼，开宫阙。

让唱着它的人，为自己作为一名云南人民的子弟，对家乡的美丽，充满热爱之情：对云南子弟兵倚靠南方半壁江山为祖国、为人类进步事业尤其是推倒了复辟帝制的袁世凯和策动张勋复辟的段祺瑞，做出的贡献感到无比光荣和骄傲。滇军是一支久经锻炼的队伍，它有着意志坚强、一往无前的战斗精神，有着“撑苍山巨石，补完天缺”的战斗气魄。“组”是用丝织成的绸带子，“尺组”即古代用作佩印或佩玉的绶带。“尺组终拴默啜颈，寸丹不化苌弘血”的意思是，为革命不惜流血牺牲、英勇奋斗的人们，脖子上终究会挂上功勋章。“采云笼”，意思是彩云笼罩的地方，即彩云之南。璀璨的彩云之南，一定会为开创统一、团结、强盛的大中国，做出应有的贡献。这首歌充满激情，充满理想，鼓舞着滇军子弟，也鼓舞着赵藩自己为了护法大业，民族复兴，百姓幸福，奋斗不息！

赵藩留下大量诗词，表达了对家乡剑川深深的热爱。

《江南好·双湖好》12首中有："双湖好，湖上有吾庐。南郭炊烟连北郭，东湖流水入西湖，一幅剑川图。"诗人在昆明碧鸡关高峣鱼舍游乐，却引发了思乡之情："我家剑湖西，对此忆湖村。散发当何去，船系杨柳根。"乡情感人，亲情动人。

李群杰先生评赵藩山水田园诗说："既能以精细的笔墨，写出山水的个性，又能追溯深厚久远的历史文化传统，并抒发诗人自己的感受与情怀，使得神形兼备，山水美，人情美，思想美得到有机的融合。"赵藩曾经两次游览剑川石宝山，写下多篇精彩的游览诗。其中《晚坐海云居前楼，观雪山剑海之胜，至午夜月斜而后寝，欣然成篇》

1887年，赵藩游黑龙潭写下了《龙泉观看梅花》等多首赞花诗，如今黑龙潭梅花仍然是昆明一大景观（王鼎乾　摄）

这样描述诗人傍晚坐在海云居前楼观看到的远处玉龙雪山和剑海胜景："海光摇目云荡胸，云开皎皎腾琼龙。雪山玉立百里外，五月坐对寒生风。我游石宝憩初地，登楼正瞰山海雄。是时返照半天赤，山雪晕做胭脂红。须臾变灭还净体，肌肤姑射难为容。"艾青说得好："一首诗里，没有新鲜，没有色调，没有光彩，没有形象，艺术的生命在哪里呢？"

除了高山大川，赵藩诗词的小景、小品一样写得很有趣。"迷蒙深树鹁鸪啼，芒履来冲滑滑泥。一抹微烟几株柳，叱牛声在水田西。"28个字描绘出的春耕小景，有远处的晨雾，近处的炊烟；有远处树林里传来的鹁鸪叫，有眼前水田里犁田农夫的赶牛声，而这些景致，都来自诗中的"我"忙完了农活，正在轻松地冲洗着自己草鞋上的泥巴时的感觉，"我"也成了画中人之一，这是内容多么丰富而又生动、形象的春耕图呵！在这里，作者把写景与民俗的描摹结合起来，使景致产生了浓烈的生活气息。

除了他反映生活、反映社会、反映时代潮流的诗词创作取得巨大成就之外，赵藩用论诗诗的创作形式写就了第一部实际上的云南诗歌史——《仿元遗山论诗绝句论滇诗六十首》。文艺理论家蓝华增先生出版了一部专著，对赵藩这60首论滇诗绝句进行解说、注释、翻译，其书名就取为《云南诗歌史略——赵藩〈仿元遗山论诗绝句论滇诗六十首〉》。赵藩的论滇诗60首总共梳理出了自汉代以来一直到清朝末年云南有成就有影响的诗歌作者近90

位，一一评介其作者和代表作。赵藩的论诗诗，有的一首评介一个诗人，有的一首评介几个诗人，概括性强，见解独到，总是寥寥数语，准确中的。虽为论诗，而评诗评人都具体、形象，读来并不枯燥。

活出棱角

作为一名政府官员，第一个要博取的名位，就是廉政。赵藩把这一点看得很重很重。

时光对每一个人都是公平的。可是有的人被岁月销蚀得棱角全无，平庸乏味，而有的却被打磨得更加锋芒，雄浑有力。

——李箐《一蓑烟雨任平生》

赵藩给“白蹊世兄”写的“椒山诗”直幅，可以说是他的书法作品中勉励后代为官者清廉从政的一件代表作：

饮酒看书四十年，乌纱头上是青天。
男儿欲画凌烟阁，第一功名不爱钱。

白蹊，是清代诸生李瑞棻的号，赵藩的剑川同乡，比赵藩小20岁。1911年出任云南省参议会首届议员，次年出任安宁县知事。“画凌烟阁”的典故讲的是，唐太宗在贞观年间为长孙无忌等24位开国功臣画像，以表彰他们的功绩。赵藩以此鼓励李瑞棻，作为一名政府官员，第一个要博取的名位，就是廉政。赵藩把这一点看得很重很重。

好官难做就回家

四川总督鹿传霖是个廉吏，看到赵藩监管官运总局理财能力很强，且又公私分明，赵藩到任没满3个月，鹿传霖就正式任命赵藩为川东土厘税局督办。但到1898年，鹿传霖奉调回京，新任四川总督让人给赵藩递话：总督打算委派泸州知府重任于他，让他送5000两银子为总督祝寿。这其实是对赵藩说，要想继续做官，须送银子！赵藩在任上，既严格要求属下，更严格要求自己，不该拿的钱分文不取。因为痘病传染，1897 年他的薪俸几乎都耗于抢救自己的孩子，结果大儿子佛保和小女西生、小儿涪生的命一个都没保住，由此可见他没有从管盐运、管土厘税这两个掌握经济大权的官位上捞油水。赵藩要保官买官，就得当贪官污吏，就得去刮削百姓，作为一个一心追求廉洁奉公之人，他做不出来。他在这一年写的《感事四首》诗中感慨："万山行有树，几树尚皮存？" 老百姓本来已经穷苦到吃尽了树皮草根的地步，他又怎能为了给上司上供，利用职权再去加收老百姓的厘金、税金？赵藩的官做不下去了，他向新川督递交了请假回家省亲的报告，实际是辞职了。赵藩在回家的路上写了一首诗，表达了他的愤懑：

刚简何能得上官，靖侯有子亦摧残。
君听呜咽龚滩水，似说从来仕路难。

"靖侯"句指明惠帝废明太祖诸子。像赵藩这样"刚简"的官吏，你可以要求他不要有傲气，但不可能要求他不要有傲骨。"好官难做终避世"，"好官难做"他宁肯不做官！

处膏不泽其身

光绪二十八年（1902），岑春煊出任四川总督。因为当年赵藩为办好岑春煊父亲的丧事而放弃了进京参加会试的机会，岑春煊一直觉得赵藩为他们家牺牲了自己的前程，很想找机会弥补赵藩的这种损失。再则，岑春煊深知自己的老师赵藩是不可多得的经世之才，他表示要上疏“两宫”，保试赵藩经济特科。照说，赵藩前后6次进京参加会试，说明他对功名是看得重的，但是，他不是图虚名的人，他谢绝了岑春煊的好意。其实，“保试”也是清朝的制度，算不得歪门邪道。赵藩宁可不要经济特科状元或进士一类的功名，而要做不慕虚荣的、硬邦邦的人。

为了推行从朝廷内部到四川的文武官员中争议都很大的食盐官运商销计划，岑春煊任命赵藩总管滇黔官运局。因为四川的产盐地集中于与云南、贵州毗邻的川南地区，这滇黔官运局共管辖60余个分局，分布于24个县，实际控制着四川全省的食盐产销大权。随后，岑春煊又把按察使即臬台的重担也压到赵藩肩上。两副担子一肩挑，赵藩没计较，岑春煊因此给他发两份薪酬，却被他断然拒绝了。

官吏清廉，则能明辨是非，能生威。邛州知州与一武弁勾结，以抽纸捐的名义勒索百姓。百姓稍有异议，便反诬他们“抗变”，公然使用大炮轰击群众。赵藩接到群众反映，迅速前往查明真相，依法给予邛州知州及其走狗应得的惩处。在赵藩的查处过程中，上上下下不少人出来为这个恶劣知州说话，有的施加压力，有的恐吓恫吓，有的送礼求情。赵藩既不屈服于压力，更不曲意逢迎，对请客送礼则一概拒绝。百姓冤屈得伸，同时佩服赵藩办案公道，自然听得进他的劝告，主动解除了他们与官府的对峙。朝廷为此传旨嘉奖了赵藩。

在滇黔官运局这边，一方面，赵藩对内推行“冗汰励廉”管理制度，贪污腐败者，工作不用心或效率低下者，淘汰出局；廉洁自律，不以职务谋取私利者，也立出了奖励制度，而且他自己带头以身作则。另一方面，对食盐生产者和经销商赵藩采取了“恤灶恤商”的扶持政策。所谓“恤灶”，就是体恤煮盐方即盐业生产厂家的难处，官运局按官价先把盐款发给生产者，帮助和促进他们发展生产；所谓“恤商”，就是体恤盐销商的难处，并切实保护他们的合法权益，明确规定盐销商在官运局购盐时交过厘税后，任何关卡均不得再向他们收取厘税，售盐时也不再交厘税，阻断了盐销商遭受的层层盘剥。这么一来，四川食盐很快就出现了产销两旺的局面，厘税征收也随之变得顺畅起来，四川国库收入猛增。自从岑春煊把滇黔官运局的大权交给赵藩，直到他因为未能救活革命党人谢奉琦而辞官，这七八年间的历任四川总督也让他改任或兼任过其他职务，但都信任他的经济管理能力，赞许他的政绩，因此一直把滇黔官运局管理大权交在他手里，朝廷也把他的官衔晋升至二品，并推恩为资政大夫。然而，赵藩始终不敢滥用手中权力，没有以权谋私。时人称赞赵藩“手握牢盆，利孔之所萃，处膏不泽其身”。“牢盆”一词源自

《史记·平准书》中“因官器作煮盐，官与牢盆”，原指公家发给的粮食，这里引申为官运局的财权。赵藩手里掌握着官运局的财权，置身利益最集中的地方，处在最肥的岗位上，他却没利用它养肥自己。

仪不及物

广州护法军政府交通部，综核司司长赵式铭，发现交通部次长梁某,借机向船主索取很高的船舶注册执照费,以中饱私囊。赵式铭向部长赵藩写报告，弹劾这位梁副部长。赵藩不管梁的后台有多硬，派人调查事实。梁副部长敲诈勒索船主的事实核实无误之后，赵藩就公开罢了他的官。当时广州、上海、香港各报纷纷抢登了这个新闻，称赞赵藩敢于为民做主。

两广电政总办莫某有贪污行径，赵藩交赵式铭主管的综核司去查实。莫某恐惧，悄悄托人告诉赵式铭，“请勿穷竟簿计”，愿以重礼报答，赵式铭坚决拒绝了莫某的行贿。莫某只好去搬他的后台莫荣新。莫荣新是广东督军，护法军政府所在地广东省最高军政首脑。不仅如此，因为他是落籍广西的广东人，广西、广东军阀都视他为自己人，可谓左右逢源，正在得势，当然不理会赵式铭这个小小的交通部综核司司长，但他处事圆滑，处事惯于使手段，便拿巨额金钱直接向赵藩行贿。赵藩写了一封信给莫荣新，严词拒绝收受贿赂。但赵藩又很讲究斗争策略，特派自己

昙华寺公园钱南园纪念馆门前安放着赵藩旧题“立品联”（王鼎乾　摄）

的儿子赵宗瀚把莫荣新的巨款送回给他，让莫荣新有下台的机会。赵藩给莫荣新的信，充分表现了他廉洁奉公、不畏高官，不贪金钱的中华民族传统美德。

赵藩在信中说：本来，要是祖国和平有希望实现，我是应该引退了。革命同人信任于我，希望我能起到调解各方纠纷的作用，我岂敢不尽心竭力地去做？我的差旅费用都已经由公家承担，又怎么能再接受你送的巨款。我知道，对于你来说，送这笔钱的目的并非讨好于我；而对于我来说，收下这笔钱，是有损于廉洁从政的。所以，我当面委托范西老兄把钱退还给你，并表示我的谢意，但没有获得你的许可。现在，特派我的二儿子宗瀚到你府衙表示深深的谢意并把钱交还给你。君子之交，礼仪不连累钱财。古人的这个训诫，永远值得师从。它里面饱含道德意蕴，令人刻骨铭心。"仪不及物"这条古训是我与人交往的信条，是我处人处事的原则，请你原谅我不收你送来的钱的行为。

诚恳而不失原则，严肃而不失分寸，多么有力的一封反腐倡廉信呵！

赵藩辞去护法军政府交通部长职务回到昆明后，就没在政府任职了。唐继尧看到他家庭生活困难，通知省政府按赵藩原省政府参议的工资继续给他发放。赵藩得悉，立即给省政府秘书长周钟岳写信，请他代为转告唐继尧：无官不受禄是他的心愿，也是他的原则，请求省政府停发这份薪酬。

赵藩为官近40年，有职有权，“肥差”不少，就因为当官“不爱钱”，常常过着“踢倒愁台复债台”的日子。赵藩去世，他家穷得连办理丧葬的费用都拿不出来。而云南省各界人士又要求在省图书馆公祭他的英灵，“四一二政变”后临时主持省政府工作的省务委员会连夜开会，决定由省财政拿出3000元钱，才算把赵藩英灵的公祭和丧葬事宜办妥。赵藩一生，没有摆过车水马龙的排场，没有享受过酒池肉林的口福，但他却留得清白在人间。

赵藩梅花画诗

幽明不欺

虽然赵藩再三申明，除了编辑“云南丛书”的工作之外，他再也不过问时政。但在1921年的“顾唐之争”中，在看到顾品珍进入昆明后能维持社会安定、公开保证休兵息民、组织剿匪等，他还是给予了力所能及的支持。

顾品珍筹备省宪，专门给赵藩写信，请他出任委员。赵藩回信说，自己衰年久病，已无精力奔波，而且自己也不懂法律，谢绝了顾品珍的好意，但对顾筹备省宪，他表示“甚切观成”。

在致唐继尧母亲的信中，他一方面毫不客气地指出唐继尧“气盛喜谀，群小阿私乱政。遂至亲离众畔（叛），危及根本”。同时，毫不避讳地为顾品珍说好话：“差幸筱斋（顾品珍字）稳达，人心响附，不烦兵革，得保秩序。”在给周钟岳的信中，他还为顾品珍惩治被唐继尧招纳为“司令”“队长”的土匪头子吴学显等，以及整顿军队辩护：“至保全唐氏，以敦旧谊；择惩凶顽，改涤污习，以昭新政，此亦并行不悖。若仅去唐，而群小盘踞如故，则地方之害不除，大局亦难解决也。”

还在唐继尧出走香港不久，即1921年春，赵藩就直接给唐继尧写过一封信，指出他让位于别人是对的。他应吸取过去的教训，远小人，亲贤臣，审慎地选择自己要走的道路。希望他贯彻自己辛亥革命和护国运动时无私之初志，体谅百姓们害怕军阀混战的心情，不要搞对外扩张，顺应全国统一之潮流。一言一语，说得既尖锐，又恳切，掏心掏肝！

但是，唐继尧对外扩张之心不死。1923年对贵州用兵,结果占了贵州最后又不得不把权交回贵州军阀袁祖铭。1924年，应熊克武之邀入川助熊的滇军大败于川，一同退回贵州。1925年发动滇桂战争，目的是把两广纳入自己的势力范围，结果不仅大败，而且造成范石生和唐淮源企图倒唐。如此连年争战，最后闹得唐继尧本人也知道云南在经济上已经不堪重负，难以维持了。

到此时，唐继尧不得不抹下脸来，求素以管理能力著称的赵藩相助。1925年夏历五月初三，他给赵藩写信，说省府新设财政委员，定期议集，特聘请赵藩出任财政委员。

赵藩没有接受财政委员一职，但面对云南省“财政艰难，上下交困，亟策维持”的局势，他怀着“及今不言，恐言之无日”的心情，又一次勇敢地向唐继尧提出了谏言。而这谏言中也包括了具体的治理措施：

一、治标以维现状也。汤丹并非缺铜，似宜量为加价，以广铸铜元。个旧锡价大涨，似宜量加课税，价平即止。谢遣流氓政客，省出招待资送之费。停止不急营造，省出土木工程之费，皆可移充正用。

二、治本以固宏基也。认定保境息民为唯一宗旨，勿勤远略，转荒己田。认定坚强自立，发展待时，勿受诳哄，掷金虚牝。分择驻重兵于边要，防备外敌侵入外，余兵即专办内匪，剿抚兼施，严定赏罚，勒限肃清，俾道路无阻，四民得营其业，渐次起瘠苏枯。而求治尤在得人，君子小人，本非易辨，而历试至十余年，其中邪正贤否，谅亦难逃洞鉴矣。情长面软，是公美德，然亦须分别轻重利害，面谀背诽，假公济私，货贿人于已，恶名则尸诸公者，见不一见，闻不一闻矣。私窃为公痛之。曾同袍泽，稔知公有大有为之才，有真爱民之心，而业未恢宏，泽未下逮，是孰使之然哉？左右宵小，蛇蟠蚓结，把持壅蔽，匪伊朝夕矣！公可不加之意乎？正本清源，与贤才励精图治，滇非遂不可为也，为公祝之。至此次会议，知济济群彦，必有良谟伟略，设或而有贡剜肉医疮之策，为焚林竭泽之谋者，则欲求淡灾，转以速涸，望公慎之。

赵藩这一切用心，既是以德报怨，实实在在对唐继尧负责，也是从大局出发，为云南全省负责。

1927 年 2 月 6 日，昆明、蒙自、昭通、大理四镇守使龙云、胡若愚、张汝骥、李选廷突然举行“兵谏”，联合发出通电，指责唐继尧“全出独裁，势同专制”，四镇守使联合进兵，逼向昆明。唐继尧被迫答应交出政权，解散民治党，这就是昆明“二六政变”。唐继尧变成了有名无实的省务委员会总裁，自此“愤懑吐血，偃卧月余”，于 1927 年 5 月 23 日在昆明不治身死。

赵藩得悉，立即给周钟岳写信，说外面在议论唐继尧藏匿了大量金银珍宝，建议赶快和龙云商量，迅速清理唐继尧内外财产，分别查明数目。用于让其子为其治丧的费用，留给其家人将来做生活之资的钱财，均应核查明白。这样做，如果他是清白的，有利于维护他的名誉；如果他有问题，也可及时挽回公家财产的损失。这个问题处理得及时、明白，还可以消除各种传闻和议论。

事实证明，决非赵藩多虑。据《云南公民追究唐继尧侵吞滇中巨款向全国的通电》说，唐继尧通过他的亲信，控制了主要的财政税收部门，无人敢过问。唐继尧对于云南的财政，例分库款和专款，解交财政厅的库款，节余部分都被唐继尧占有。“港报载其家资，数达3000万元以上，其实唐氏所获孽钱尚不止此”。

功罪分明，野史稗官，吾能直书十六年事；
冤亲平等，夜台孽镜，君应怆对数百万人。

思量君去尚佳，撒手径行，隐与众人消积愤；
叹息吾言不纳，师心自用，甘为群小送长终。

这两副对联是赵藩在听说唐继尧去世的当天寄给唐继尧之子唐世讲的，是他《唁唐世讲书》的附件。他在唁书中说：回顾从1916年到1919年这4年之间，我和你父亲情同手足，亲密无间。后来，他当官，我当隐士，怎么规劝他都没有用，才落得众人反对的结局。然而，沧海横流，不管是谁，早晚都要离别人世，你父亲之去，也是他的福分。赵藩希望唐世讲代他把他写的两副挽联悬于灵前，以表明他当面背后都一样的心迹。

据说，当时赵藩的挽联引起轩然大波。唐继尧的一些亲信大骂赵藩太不讲情面，太刻薄；而敬佩、尊重赵藩的人，也为他捏了一把汗。但赵藩就是赵藩，他在给唐世讲的唁书中已讲得很清楚，他的挽联要表达的是，作为也已经是一个老人的赵藩“幽明不欺之夙心”，而不是口是心非的溢美，不是鳄鱼的眼泪。这就是赵藩。从在武侯祠悬“攻心联”诤谏岑春煊，到直接把讽刺诗送到袁世凯手里；从只写给唐继尧一个人看的书信，到公之于世的挽联，他的话，他的建议，他的规劝，他的批评，他的讽刺，他的嬉笑怒骂，表里一致，当面背后一致，心里想的和嘴里讲的、笔下写的一致，他讲了一辈子真话，他一辈子只会讲真话，一辈子以真情待人。他的话里有爱，有憎，有温馨抚慰，有娓娓规劝，有循循善诱，有不留情面的批评，有慷慨陈词，有愤然痛斥，但是绝无虚言假语，绝无夸夸其谈，绝无模棱两可，绝无笑里藏刀。这就是赵藩！

老蠹

老蠹书丛生死得，致佳风月是谟觞。

——赵藩《老蠹》诗句

作为一个人，他的故事其实很励志。给人生一个新目标，不断重新开始，用身心去奋斗，这份执着很动人。

——重庆 王俊逸微博语

袁世凯于1913年10月10日当上总统后，一方面在致宣统的专函中表示将继续尊崇皇上，严格遵守清朝皇帝退位时所规定保留清室特权的一切条款；另一方面发表公告保留清政府同列强各国所缔结的一切条约和协定，保留外国人在中国的一切特权和权益；而对于人民在辛亥革命中所获得的最起码的民主和自由，则统统强令取消。11月4日袁世凯下令解散国民党，随即强行收缴了438名国民党议员的国会证书和徽章。次年1月10日，他下令解散众议院和参议院，并接着颁布了解散各省议会和地方自治会议的法令。这样，赵藩曾经对其寄予希望并为之做出了贡献的辛亥革命所诞生的共和制度就荡然无存了。

国事既不可为，而且已经年过六旬的赵藩正在生病，他答允了省府学界要他带领大家倡立国学，研究经史的恳切请求，“国家大事，要有个定局，实属不易。就让各政党各团体的英雄豪杰们去谋划吧！我就乘大批饱学之士还在,把我剩下的精力用在网罗天下放矢旧闻,以荣我乡邦”。须知，赵藩的父亲赵联元编过《丽郡诗征》12卷、《丽郡文征》8卷，叔父赵惠元整理辑录《杨文宪公写韵楼遗像题词汇抄》，受父辈的影响和熏陶，赵藩本来就一直以搜集滇文献为己任。他的弟子周钟岳就曾写诗称赞他“天南文献关心大，不是穷愁始著书”。

赵藩接受公推，出任云南孔教会会长，并成立了国学社。他带头将自己数十年搜集保存下来的滇人著述百数十种全部贡献出来；又给全国各地与自己有旧识的文化名人和朋友、门生一一写信，请求他们帮助广泛搜集散见于各地和故家的滇文献。他号召同人和士绅耆宿，有钱出钱，有力出力，尽量收购各种滇文献。他们根据各种线索，很快从书局、书摊和私人手里买到滇文献200余种。如今全国全省都出现国学热，赵藩是云南省第一个国学研究组织的发起人和负责人。

赵藩理出了辑刻“云南丛书”计划，企图把所能搜求到的滇文献编辑出来，加以出版，以期让滇文献得到一次系统的汇集，得到及时的抢救性保护，传诸后世。他拿着计划去找云南新督唐继尧，请求他支持，请求政府筹资。唐继尧想，辛亥成功起义的第二年，第一任云南都督蔡锷就倡议编纂了《云南光复纪要》，5个月编成洋洋史稿10册为云南“重九起义”竖立了历史丰碑；尽管现在战事未了，府库空虚，但要巩固革命新政权，要对边疆民众进行德教，要提高他们的文化素养，文化建设也不能不抓。不能让人耻笑我这个第二任云南都督是不懂文治的一介武夫！何况，赵藩编纂“云南丛书”的计划很好，而且他在云南文化界是个耆老，德高望重，正好可委托他办这件事。唐继尧于是爽快地答应拨款万元，辑刻“云南丛书”，并聘请赵藩为丛书总纂。他说：“收拾残丛，整理故籍，表彰先哲，乃有司之事。”要求赵藩成立“辑刻云南丛书处”，立即着手“从事搜集，精加校订，刊为丛书”。

赵藩自是“通才”，但编辑刻印“云南丛书”是一项系统工程，必须网罗一批通晓云南文献的文化精英。他首先举荐前清进士、贵州学政、云南省教育总会会长陈荣昌先生任名誉总纂。昆明人陈荣昌很高兴地接受了唐继尧的聘任，把家中所藏滇人先贤著述全部送“辑刻云南丛书处”。由于他当时寄居安宁县鸣矣河村舍，1914 年夏历八月初一“辑刻云南丛书处”正式成立这一天，为能按时出席成立仪式，他头天就从鸣矣河出发。

晋宁人方树梅，22 岁起留心云南文献。1907 年获得安宁段昕《皆山堂诗集》、宁州刘大坤《寄庵诗文抄》、师宗何桂珍《续理学正宗》，后又得邓石如题的徐礼水墨竹石，郑涛的白描罗汉和四体诗册，曾专门请赵藩作跋，赵藩为其题了“前辈遗物，使留得人”8 字。辛亥云南光复后，赵藩又向省教育司司长周钟岳推荐，让方树梅投入了新式教育工作。1913 年，方树梅正式拜赵藩为师。此次赵藩网罗方树梅参加辑刻“云南丛书”工作，方树梅如鱼得水，高兴得立即回家将历年所得滇省先贤著作 20 余册（件）一股脑儿统统背来，送交选刊。

1915 年，前清经济特科状元、石屏人袁嘉谷因思亲辞去北京政府清史馆协修之职，回到云南。赵藩得悉，大喜过望，马上把他拉进了丛书辑刻处。

赵藩集唐代白居易的诗句“专掌图书无忌地，闲寻山水自由身”为联，自己书写好，贴于门庭，以示自励。从此，无论冬寒夏暑，他都带领同事们埋头于丛书工作。对每种文献，慎选“底本”，广收“辅本”，查考稽核，精校细勘，择从其善，认真审定。在收录文献的标准上，他没有因人而异。对布衣穷滞之士的著述，尤为重视。对生平坎坷、抑郁早逝的王宝书，还写了挽联。在编辑过程中，遴选收录文献，按综合性丛书的内涵即要求，注意把“致用之书”的地方志与滇人著述之书严格区别开来，从而避免了糅杂。对于这种做法，后来的中华人民共和国已故国务院古籍整理规划出版领导小组组长李一氓在《论古籍整理》的文章中，还特意赞赏。他说，“云南丛书”取舍收录文献，比“豫章丛书”要好。

“辑刻云南丛书处”成立当月，赵藩的父亲赵联元去世，赵藩悲痛不已。何况这一年他自己也已经 64 岁，身衰力疲，他曾想按儒家之礼留在家中守孝 3 年。但唐继尧希望他返回省城完成辑刻“云南丛书”工作的书函一来，他又踏上了征程。为购买到几乎流散上海的钱南园亲笔楷书《钱氏族谱言行纪略》稿本，他不厌其烦，与曲靖一位姓陈的中学教师多次约谈，终于购来此书。负责“云南丛书”编纂的几位大家非常兴奋，陈荣昌在其扉页题写“至宝连城”4 个楷书大字，后面加了赵藩、袁嘉谷等先生的跋文，唐继尧以省长名义决定将此书送云南省图书博物馆（当时图书馆、博物馆二馆合一）永久保留。因为这些先贤和高官的远见卓识，《钱氏族谱言行纪略》这件极富文史研究价值的钱南园墨宝，不仅没有流失，而且至今完好地保存于省图书馆，联想到八国联军哄抢圆明园文物、末代皇帝兄弟出卖宫中文物以致许多见利忘义的家伙倒卖文物的种种恶事，不仅令人感慨万分，而且为唐继尧、赵藩们的善举倍感钦佩，为今人得以目睹这价值连城的文物的风采而庆幸。为了买回方玉润的《星烈日记》和巩珍的《西洋番国志》、仿彭元端抄本，他调动李根源，通过他的关系去做贵州藏书家朱启钤的工作，直至让其割爱。他通过华世尧找到毕沅的《秋帆尚书奏稿》、陈澧的《东塾著稿》等等。

1917 年，当赵藩从护法战争前线四川归来，由于云南省图书馆主事由云龙另调他任，唐继尧又把省图书馆馆长重任也压到赵藩肩上，赵藩也一力承当。为了让读者有一个山清水秀的读书环境，赵藩出任省图书馆馆长的第一件事,就是与陆军偕行社交涉要求他们腾还图书馆的房子。谁不知道这个“骨头”难啃，但赵藩左右协调，上下疏通，甚至找到了靖国联军总司令唐继尧头上。即使到了广州护法军政府交通部长任上，赵藩还为此操心不已。唐继尧深受感动，他堂弟唐继虞到广州办差时，唐继尧特地让他带话给赵藩，他已亲自出面协调处理这件事。这样，省图书馆终于从旧粮道署迁回了翠湖边。后来的省图书馆读者能够在闹市中寻得这份清净，能够目享螺峰叠翠，翠湖波光，赵藩功不可没。

当图书馆回归旧址，赵藩为其撰写了一副对联：

迁地非良，储庋图书归旧馆；
实事求是，继承朴学扫空言。

既然省图书馆搬迁粮道署不是一件好事，橱柜、图书搬回翠湖边的旧馆，自然令人高兴。朴学，中国古代朴实之学。随着汉学的兴起，清代的传统学术研究以求实切理为旗帜，并崇尚朴实无华的治学风格。朴学在清代又称考据学，针对理学的空疏而言。赵藩在下联中提倡实事求是、朴实无华、扫荡空言的学风和工作作风，在当时既因为赵藩在办馆宗旨上提出潜研学术与开启民智相结合，同时他要求图书馆职工做到“书在吾心，读者在吾心”，很好地履行公共图书馆的职能。赵藩带头践行这种学风和工作作风，以图书馆为阵地，一方面编辑、出版“云南丛书”，另一方面，在他手里开辟了普通阅览室、少儿阅览室、妇女阅览室、特别阅览室，并在馆外海心亭、大兴坡、文庙等处设立阅书报处扩大服务范围。与京师图书馆、南京国学图书馆、浙江省图书馆等建立典籍、方志和期刊交换关系。制定了《云南省图书馆章程》，对图书馆工作进行科学管理。赵藩制定的这一章程与现今的我国《公共图书馆管理条例》基本吻合。赵藩担任馆长期间，省图书馆每年读者人次已达6万以上，殊为可观矣！

在省图书馆创建100周年庆典上有一副对联称赞说：“千间广厦，一座名楼，贤领导厚爱在人，樾村宗旨今重溯；万卷藏书，百年老馆，乡先达雅怀育士，学山条规待细参。”

从某种意义上说，这副楹联是对赵藩为云南省图书馆事业所做出贡献的深切缅怀。如果我们今人，尤其是领导干部，再拿赵藩提倡的“书在吾心”与我们的敬业精神做一个对照，拿他为还读者一个优美的读书环境而不懈努力的精神和“读者在吾心”的倡导，与我们对民心和民生的态度做一个对比，拿他提倡的实事求是、朴实无华、扫荡空言的学风和工作作风，与我们的学风、文风和工作作风做一个对比，认真汲取赵藩留给我们的优秀传统文化精华，那将是对这位前人更好的纪念。

为了国家护法大业，1918 年赵藩又出任广州护法军政府唐继尧总裁代表和交通部长，但“云南丛书”的编纂也仍然是他魂牵梦萦的大事。“老蠹书丛生死得，致佳风月是谟觞”。这是赵藩 1919 年写于广州的《老蠹》诗的末尾两句，“老蠹”即年老的蠹虫，指作者自己；“谟觞”，可解为无须举杯。为了“云南丛书”，他可以像一个蠹书虫，把人生的全部光阴，全部精力，全部情趣，都埋没在书堆里，都耗光在书堆里，他并不期望从书中看到黄金屋，并不期望从书中看到颜如玉，他把发掘前人留下的文献，发现书本所蕴含的价值，并把它们传播开来，传给后代，看作享受再好不过的“风月”，陶醉于其中，又何须“开琼筵以坐花，飞羽觞而醉月”！

在广州工作期间，赵藩盼望尽早完成使命，他把辑刻“云南丛书”看成是他人生的最后一件大事。在 1919 年《致宋菊坞先生》的信中，他说：“所望勾当早毕，归完辑刻丛书，以终余年。”受到赵藩这种对云南图书事业的满腔热情的感召，吴志青、吴良桐 2 人各捐献了大量书籍给省图书馆。

广州护法军政府发生分裂，赵藩于 1920 年回昆明。

当时他已是衰病交加，加之唐继尧误信他人谗言，把驻广州护法滇军发生分裂的责任归罪于他，并进而长时间地冷落他，但他并没有把这种冷落看成多么严重、多么残酷的惩罚，也不抱多大委屈情绪。相反地，他自甘寂寞，把唐继尧让他坐冷板凳当成集中他余生的精力做好辑刻“云南丛书”这件大事的机遇，他为此夜以继日地工作，并力图创新。1922年，为了扩大搜集起来的书画作品的知名度，让云南文献的精华能发扬光大，赵藩找到省长公署秘书长袁嘉谷，建议借10月份第九届全国教育联合会在昆明召开之机，搞书画展览会，袁嘉谷力赞其成。两人商定由政府聘方树梅为书画征集员，立即展开工作。书画展览会得以如期举行，展出作品不下千件。这次展览开创了云南省正式举办大型书画展览会的先河，展出作品受到来昆出席全国教育联合会的著名书画家和教授们高度评价。赵藩等深受鼓舞，十分振奋。他们从展出作品中选取精品，影印《滇南书画集》，共计书法14集，画6集，使云南书画作品得到了一次比较全面的筛选、保存。

“云南丛书”初、二编仅收滇人著作，1927年，方树梅建议收录外省人著作中有关滇事者为第三编，以便考究滇文献掌故。赵藩立即赞成，并嘱方树梅拟目，后搜得书30余种。

1927年发生在云南的“二六政变”和“六一四政变”，让包括省府昆明在内的全省许多地区陷入军阀混战的硝烟烈火。因经受暑湿，赵藩旧病复发。尽管医生一再叮嘱赵藩要闭门静养，但赵藩既为百姓的痛苦和社会治安忧心如焚，又担心他和同人费尽千辛万苦搜集起来正在编辑过程中的滇文献毁于兵燹，他怎能睡得住！他以手杖支撑着病躯，亲自指挥，甚至直接抱书稿，把编纂未竟之《滇诗丛录》稿、《滇文丛录》稿，从省图书馆“云南丛书辑刻处”一摞摞、一袋袋搬往昆华图书馆保藏。

经过这么一折腾，赵藩的病情迅速恶化。他自知不起，深念“云南丛书”二、三编及《滇诗丛录》《滇文丛录》未完之稿尚多，他让方树梅把陈荣昌、秦光玉、袁嘉谷请到床前，含着热泪拜托了他的未竟之志。云南省图书博物馆馆长之职和“辑刻云南丛书处”总经理的担子要请秦光玉来担当。赵藩特意拿出书写给他的联语“典型尚记真君子，人间有此古丈夫”，抖抖索索地直接递到秦光玉的手里，表示对他的人品、学识和建树，充分信任，非常赏识。秦光玉十分激动，哽咽起来。

在编纂“云南丛书”的过程中，秦光玉、袁嘉谷、方树梅等人屡次请求赵藩自《向湖村舍诗初集》刊刻后30多年间又创作的数千首诗续行刊刻，他们并已把《向湖村舍诗二集》26卷誊写成雕版格式册页，但赵藩总是说“先刻别人的”，不同意付梓，致使此事一直耽搁下来。此时，在赵藩的病床前，赵藩已交代完他的后事，他的弟子们也要了却他们的心愿。秦光玉、袁嘉谷、方树梅3人异口同声，恳求赵藩同意开印他的《向湖村舍诗二集》，陈荣昌也力表赞同。赵藩被他们的诚意深深打动，他上气不接下

黎元洪为赵藩写“滇南一老”题词被雕刻于赵藩墓头（王才达　摄）

气地说："感谢你们的好意。但是，现在我滇陷入战乱，经费更难筹措了，还是先刻别人的吧。"说完，他已闭上眼睛，气喘不止。

于是，赵藩的《向湖村舍诗二集》一直没有付印。他还有《向湖村舍诗三集》26 卷、别集 4 卷、词 8 卷、文集 20 卷、骈文 8 卷、《鶊巢织小录》12 卷、介堪金石书画题跋 10 卷、书札 30 卷、楹联汇集 3 卷等均未印刷出版。后来，特别是"文化大革命"中，除存留于省图书馆部分保存较好外，保留于家中的大量作品，被查抄失散，实在是云南省文化遗产的重大损失！

临终前 10 多天，虽然高烧不退，但赵藩的头脑又清醒起来。方树梅请示他："德国和美国公使知道我们编印成'云南丛书'，各索要一部。"赵藩睁开双眼，里面闪耀着兴奋的光芒："让我们的'云南丛书'传播到欧洲、美洲，很有意义。给他们！给他们！"

乔布斯曾经说过："记住'你即将死去'指明了生命中最重要的选择。几乎所有的事情，包括所有的荣誉、所有的骄傲、所有对难堪和失败的恐惧，这些在死亡面前都会消失。我看到的是留下的真正重要的东西。"赵藩临终前看到的"留下的真正重要的东西"是"云南丛书"。赵藩主持辑刻的"云南丛书"，在他任上已完成十之七八。最后，"云南丛书"总计先后编辑乡贤著述 205 种，163 卷。其中除 29 种待刊外，已印行于世者 176 种，被誉为云南的"四库全书"，是对云南地方文化最为系统的总结。

2011 年，云南省政府组织对“云南丛书”进行了全面整理重印，使这一云南文献的鸿篇巨制重现华彩。国务院参事室、中央文史研究馆给在昆明举行的“云南丛书”首发式的贺信说：“‘云南丛书’的重新刊印，填补了国内关于云南自汉唐以来国学经典的空白，是云南国学研究史上的一件大事，也是我国国学研究的一件盛事。”“云南丛书”的全面整理重印，必将为充实、丰富中华民族的文化宝库、推动云南古籍整理出版事业的发展发挥非常积极的作用，为世人认识云南、了解云南、走进云南提供一个重要途径，将为云南的经济社会发展、文化建设、文史学术研究等提供非常有益的历史借鉴，在推进民族文化强省建设中发挥应有的作用。

参考书目

1. 王明达：《剑湖风流——文化奇才赵藩传》，云南民族出版社，2003年2月第一版。

2. 王明达：《情系大理·赵藩卷》，民族出版社，2006年4月第一版。

3. 段炳昌：《天南风雅》，云南民族出版社，2012年10月第一版。

4. 杨郁生：《剑川楹联》，云南民族出版社，2004年4月第一版。